有 人 文 意 义 的 美

豐子愷家書

丰羽 编

生活·讀書·新知 三联书店

图书在版编目（CIP）数据

丰子恺家书／丰羽编. —北京：生活·读书·新知三联书店，2020.9（2021.11 重印）

ISBN 978－7－108－06898－9

Ⅰ. ①丰… Ⅱ. ①丰… Ⅲ. ①丰子恺－1898-1975－书信集 Ⅳ. K825.72

中国版本图书馆 CIP 数据核字（2020）第 135720 号

特邀编辑 汪家明
李　娜
责任编辑 赵庆丰
装帧设计 陈小娟
责任校对 陈　明
责任印制 董　欢
出版发行 生活·讀書·新知 三联书店
北京市东城区美术馆东街 22 号 100010
网　　址 www.sdxjpc.com
经　　销 新华书店
印　　刷 北京隆昌伟业印刷有限公司
版　　次 2020 年 9 月北京第 1 版
2021 年 11 月北京第 2 次印刷
开　　本 787 毫米 × 1092 毫米 1/32 印张 11.75
字　　数 110 千字 图　数 142 幅
印　　数 15,001－20,000 册
定　　价 49.00 元
（印装查询：01064002715；邮购查询：01084010542）

目 录

胸襟须广大，世事似浮云
——忆我的爷爷丰子恺与我的父亲丰新枚　1

家书

致丰新枚、沈纶（180通）　8

致宋慕法、宋菲君（6通）　253

致丰元草（2通）　259

致丰宁馨（7通）　262

附录一

恩狗画册（47幅）　269

附录二

丰子恺“绝笔”之考究　庄寅亮　331

全家摄于浙江省桐乡县（现桐乡市）乌镇，约1933年

胸襟须广大，世事似浮云

——忆我的爷爷丰子恺与我的父亲丰新枚

我的父亲丰新枚是爷爷最小的儿子，小名“恩狗”，出生在抗战举家逃难路上的桂林。爷爷称这次逃难是“艺术逃难”，父亲是“艺术逃难”的儿子，后来通晓六国外语，能背数千首唐诗。

一起逃难的邻家小女孩叫佩贞，新枚和姐姐们及佩贞常一起玩耍，爷爷就画了一套四十七开的《给恩狗的画》，记录下孩子们童真率性的趣事，也算是青梅竹马的小故事了。印象深刻的一幅是——

> 佩贞说：“恩哥，把你脸上的麻子洗掉了，我再跟你玩。”恩哥说：“啊呀！佩贞！这是口水呀！不是麻子呀！”

这算是最初的“垂涎三尺”吧。

20世纪50年代初，爷爷带着一家人在上海江湾–五角场居住。二十多年前他在附近和几个好朋友一起创办了立达学园，当时鲁迅的家和内山完造的书店离这里都不远，有许多值得回忆的事情。爷爷请了一位俄语老师教自己俄语，同时，小女儿一吟、小儿子新枚也一起学。丰家的语言天赋让他们很快就基本掌握了比英语还难的俄语，并在稍后一年多的时间里翻译了屠格涅夫的《猎人笔记》，然后又翻译了柯罗连科的四大卷回忆录《我的同时代人的故事》。爷爷带着他的小女儿、小儿子一起学习，一起工作，在每天的日常生活中实践着家学、家教、家风、家训，还有家传。

随着父亲考上天津大学去了外地，爷爷开始了和父亲长达十多年数百封的通信。彼此之间除了嘘寒问暖、相互关心，还有唐诗接龙、宋词藏字，读圣贤书、习天下理。家长里短饱含父子亲情，社会闲谈传递处世之道，彰显华夏文化的传统思想，蕴含敦亲睦族的礼让谦卑。

十年动乱骤然而至，对爷爷的大批判也全面开始，影响到了小儿子的职业规划。本来已经在上海科技大学研究生毕业即将出国（计划去捷克，还特地自学了捷克语）的父亲，变成了“反动学术权威”的子弟，被发配到河北沧州的化工厂工作，后辗转调到了石家庄华北制药厂当一名钳工。动乱结束后，父亲又考上了中国科学院的研究生，再次硕士毕业。这是后话了。

爷爷在人生最后的几年，仍然笔耕不辍，写随笔，画漫画，还翻译了多部日文小说以及佛学著作《大乘起信论新释》。同时，与父亲鸿雁传书更频繁，碰到某些敏感话题，就把话藏在诗词之中。他们相互了解，一点即通。一对可以相互多年吟诗作对、外文对话的父子，到了人生的最后阶段，是父子亦超越父子，精神和灵魂的交流更加印刻在彼此的信中。随着我的诞生，“小羽”大量出现在爷爷与父亲的书信之中，尤其最后几年几乎每信必提及。我的名字是爷爷取的，与所有丰家第三代的孩子都是双名不同，是单名的“羽”。如今看来，我自出世便承载了爷爷对父亲无限的爱和遗憾，以及希望和期盼……

《给恩狗的画》中还有一幅我印象特别深——

恩狗看见两只白羊，便说是两只黑狗，众人大笑，恩狗大哭。

小孩子的世界里，什么是黑，什么是白呢？！大人的世界里又什么是黑，什么是白呢？！

处之泰然，顺其自然，是爷爷一生的人生态度。希望通过这部《丰子恺家书》，将这种思想呈现给各位读者。尤其是在这场不期而至的新冠肺炎疫情之后，我们大家都将面临生活方式和人生态度的再思考、再改变、再提升。当今社会需要更多的人情、温情和亲情，一封家书胜却人间无数！

丰羽随笔于

2020年3月

详见正文88页致新枚第54封信

家书

致丰新枚、沈纶（180通）

致宋慕法、宋菲君（6通）

致丰元草（2通）

致丰宁馨（7通）

致丰新枚、沈纶（180通）

一[注一]

你的信今天下午收到。今天是劳动节，我们都在[注二]北京饭店六楼的露台上观礼。游行的队伍又长又热闹，比上海的五一节更壮观。游行一直从上午十时到下午一时，历时三小时，我们回到宿处已是一点半了。两点吃罢午饭，我午睡了一会儿，现在刚醒来。起床后，服务员送来了你的信，现在马上给你写回信。

听说上海家中平安，我们很放心。华瞻哥嫂昨天在家里宿，你不会寂寞了，真太好了。我因为没有收到有特殊情况的信，感到非常安心。

我们来到这里后，没有下过一场雨，但今天上午九点左右忽然下起雨来。那时游行的队伍还没有到，观礼的人们都集中在露台上。露台的栏杆边上（最好的地方）都被人占了，我们不能凭栏观看。但是一下雨，栏杆旁的人都逃到室内来躲雨了。这时你阿姐和阿哥[注三]不顾下雨，赶快去占了栏杆旁的位置，我们这才得到了好座位。而雨马上停了。我们因为下雨而得到了好座位，如果不下雨，我们始终得不到好座位。

明天我们准备去游颐和园。我的感冒稍微好了一些。但因为北方气候干燥，我每天晚上都因为咳嗽厉害而睡不好。很想念上海。现在把我的观礼证送给你。

致新枚

恺 手启

〔1959年〕[注四]五月一日下午四时〔北京〕

注一：“一”至“二一”及“二三”“二五”“二八”原为日文信，为方便读者阅读，由丰子恺的女儿丰陈宝、丰一吟译为中文。

注二：丰子恺偕妻携女同到北京。

注三：阿姐指丰子恺幼女丰一吟（同去北京者），阿哥指在京工作之次子丰元草。

注四：信件从致信人第一通信件的日期依次排序，未署明写信时间的，参照出版、发表的时间或经有关线索研判后，在其后加〔 〕标注公元年份以及地点。

二

新枚：

今天我们去玩了天坛。那是从前封建皇帝庆祝丰收的地方，现在成了一个风景点。那个坛由圆形的三层组成，你一定在照片或画上见过。天坛旁有一样稀罕的东西，那便是“回音壁”。那壁是圆的，并不高。如果用嘴对着壁喊些什么，对面的人把耳朵贴在壁上可以清楚地听到。如图所示。[注]如果一个人把嘴对着A处喊些什么，另一人把耳朵贴在B处能清楚地听到。这是物理作用造成的现象。非常有趣。阿姐在A处喊“姆——妈——”，姆妈觉得“一吟就在我旁边”。

下午我们去逛了东安市场。那地方跟上海的城隍庙很相似。许多店里卖各种各样的东西。昨天信中提到的“孙子手”（老人搔痒用的痒痒耙）已买了三个，二角九分一个。

父字

〔1959年〕五月四日〔北京〕

注：该图详见本书186页对页信影。——编注

三

五月七日晨：

这也许是最后的日文信。我们于十二日（星期二）上

午九点半一定到达上海。那时你去火车站接我们。

昨天我们去看了万里长城。坐小汽车去的。早上九点出发，下午四点回来。车钱是四十元二角。除了我、阿姐和姆妈，还有黎丁[注]的妻子即琇年也一起去。

长城不是很高，你姆妈、阿姐和琇年都登上了最高点。我不去顶点，在中途休息。昨天是星期三，所以去游玩的人不多，除了我们，只有五六个俄罗斯人。

说明书上说，这长城在战国时代就已开始造了。秦始皇把它扩建。明朝将元朝的蒙古人驱逐到长城以北，便增修长城，以防蒙古人再次入侵。这座长城西起嘉峪关，东至山海关，其直线距离为四千里。加上它的蜿蜒曲折，一共有一万里。

昨天因为没有风，我们的游玩很顺利。只是最高的地方，石级很高，登上去非常吃力。从女墙处眺望，漠北的群山如波浪起伏，远处的长城像蛇一样横亘着，确实是世界一大壮观！

昨晚很累，今晨六点半起身。早饭前写这封信。这时阿姐还在睡觉。

今天准备再度游颐和园。明天去动物园，后天去景山公园等处（景山就是明崇祯皇帝自缢之处），游程到此结束。因出门时间太久，我盼望着早日回家。感冒已好了大半。每天早晨喝大量的水，这样感冒容易痊愈。

致新枚

父字

〔1959年，北京〕

注：黎丁，又名黄恢复，生于1917年，《光明日报》高级编辑。谢琇年，黎丁之妻。

四

你的出门[注]给家里带来了很大的影响，从今以后我家简单化了。详情写在阿姐的信里，我就不写了。只是你至今还未背诵出《伊吕波歌》，所以我现在揭下你床头那张纸，随信寄去，务必背诵出来。

父字

〔1959年〕八月廿七夜〔上海〕

注：新枚于此年入天津大学精密仪器系求学。

五

你的扇子已经找到了，掉在你的床下。现在有了新扇子，这把就不给你了，暂时放在这里。现在是二十九日傍晚，是你入学的第一天，还没有收到你的信。不知在途中会不会写明信片来。

〔1959年8月29日，上海〕

六

九月一日夜:

最初等你在南京发的信，后来又等你在徐州或济南发的信，最后等你在天津发的信。但今天已九月一日，还没有收到你的信。阿姐打电话问史君的姐姐。知道史君的姐姐也没有收到弟弟的一封信，这才安心下来。看来，从天津到上海的信需要四天时间，也许明天你的信一定到了。

以上情况说明了因为你长住在家而忽然离家远行，所以家里人非常想念你。所以你务必多加保重。第一是健康，第二是交际，第三是处理自己的日常生活。凡是衣物、用品、饮食，都必须自己注意。

〔1959年，上海〕

七

你三十一日来信，阿姐三日上午读给我们听（姆妈、姑母[注]和我三人一起听）。我们当然都同意你的经济报告，但我想这是较节约的估计。我们家决不会穷到这种程度，所以你不必限制每个月的开支数。大致上每月的总数不超出二十五元就可以了。因为以前你在家时，姆妈的开支要大得多。你离开之后，姆妈的开支大大节省。这省下的数目不下于二十五元。何况你自己银行里的存款现在已达到七百元。所以阿姐看了你的信笑着说了一句开玩笑的话："这样的话，把钢琴卖了就足够维持到你毕业的费用了。"虽然是开玩笑，事实确是如此。

蚊帐需要吗？你信里没有提起。今天阿姐买了一顶（七元多）。今天（九月三日下午）用小邮包寄去。但到达恐怕要十天或两星期左右。如果邮包到时蚊子已没有了，你就把这蚊帐放到箱子里，明年再用。

因为小包急着付邮，别的事以后再说吧。

〔1959年〕九月三日下午父字〔上海〕

注：姑母，指丰子恺的三姐丰满（1890—1975），也曾皈依弘一法师，法名梦忍。即后信中的满娘。

八

新枚：

今天（九月三日）阿姐在百货公司买了蚊帐到邮局去寄时，邮局的职员说，小包和信件同样快，四五天便可到天津。你什么时候收到以后，来信告诉我。

这个姐姐实在喜欢你。你无论如何不能忘记她。她真是无微不至地关心你。你在家时总是疏忽大意，因此她非常担心。今天读了你的信，知道你自己洗衣服，还把皮箱锁上，感到很放心。

家里的两只沙发（放在阳台上的）前两天卖掉了。两只一共卖了三十元。这两件大家伙不适宜于狭窄的房间，所以下决心卖掉了。

今天邱祖铭[注一]先生来访。他的两个儿子还是考了大学，其中一人二十五日接到了通知书。另外一人到了九月一日才接到通知书。这个儿子已经绝望了，意外地当了大学生。但不是大学，是体育学校。在他的二十四个志愿中本来没有体育，因为成绩差而被强迫进体育学校。

邱先生又讲了一件稀奇古怪的事：他的一个亲戚是某工厂的职员。有一天，因为需要阿莫尼亚，便打开阿莫尼亚的瓶盖。那时正逢天气很热，一拔出瓶盖，里面的阿莫尼亚就一下子喷了出来。他的脸上全部溅满了阿莫尼亚。赶快送到医院抢救，但因阿莫尼亚已进入眼睛，一只眼睛终于瞎了——真是可怕的事。你也和化学有关系，所以务必注意，处理药品时无论如何不能大意。不过邱先生亲戚的事毕竟是个例外。一般情况下，阿莫尼亚是不会爆发的。只因天气太热，才爆发了。邱先生说，药品最好是放在冰箱里比较安全。

精密仪器制造的书，日本一定很多。去年内山寄了很多书店目录给我，其中一定有这一类的书。只是这些目录现在葛祖兰[注二]先生借去了，所以没有查过。葛先生还来后，我好好查一查，向东京去订购。与外国人的通信，今后约束为好。凡是资本主义国家的人，尽可能少通信为妙。我家同邮局交往甚多，随便什么信都没关系，但作为学校的学生，邮局也许会加以注意，所以必须小心。

你写在黑板上的诗（应嫌屐齿[注三]）现在还留着。姑妈打算本月十日回杭州去，阿姐说要陪她去。那么，到时候家里只剩我、姆妈和女工三人，很寂寞。

你的丁字尺，阿姐送给了菲君。这东西天津有吗？很挂念。如有机会，去北京玩玩吧。国庆节火车太挤，不要去。其他的假日去，较好。天津是个好地方，我一直向往。什么时候一定去玩，那时你要作为导游来接我了。

〔1959年〕九月五日上午写毕〔上海〕

注一：邱祖铭，浙江德清人，丰子恺浙江省立第一师范学校同学。任外交官二十余年。

注二：葛祖兰（1887—1987），浙江慈溪人。作家、翻译家，上海文史馆馆员。日本留学回国后历任两广优级师范学校、两广高等工业学校教授，商务印书馆编辑等职。

注三：应嫌，也作应怜。全诗如下："应怜屐齿印苍苔，小叩柴扉久不开。春色满园关不住，一枝红杏出墙来。"宋叶绍翁作，诗题为《游园不值》。

九

九月八日下午：

今天上午读到了附有你们学校地图的信。现寄去五十元汇票，这是你自己的钱，可自由使用。家中每二个月给你寄一次钱，这五十元不要混在一起。离家客居他乡，会有急需之时，所以必须储备一些。

国庆时如有机会，去一趟北京也好。反正阿哥处有住所，乘火车去，其他也没有什么不方便。

父字

〔1959年，上海〕

一〇

新枚：

这画是表现国庆节的，如果你床头壁上有空的话，可用这画装饰，很美观。

姑母和阿姐今天早上乘七点五十分的火车去杭州。阿姐准备逗留三天回上海。这期间家中只有三人，很寂寞。

前两天的汇票想必已收到。

这笔钱你不要存定期存款，务须作活期存款比较合适。活期存款可在发生意外情况时随时提取。上海已很凉快，近来每天八十一二度，这种天气很舒服。家中一切平安，猫伯伯[注]也比以前胖得多了。

父字

〔1959年〕九月十一晨〔上海〕

注：猫伯伯，在丰子恺故乡，大约对于特殊而引人注目的人物，都可讥讽地称之为伯伯，如“鬼伯伯”“贼伯伯”。家中的黄猫因此得名。

一一

九月十四日夜：

两封信都收到了。寒假有两星期，真高兴！那时你一定回来。学生打折扣的票要坐两天三夜，不行。尽可能乘一般的快车。别节省钱。

邱祖铭先生的两个儿子，一个进了医学院，还有一个本来要进体育学校，但他的体重不够五十公斤，说是没有资格入学。现在很尴尬。邱先生昨天找我商量，我也无能为力，终于我还是给他介绍了教育界的朋友，请托设法转到其他学校去。成功不成功还不知道。其他的事情阿姐会写信告诉你。

致新枚

父字

〔1959年，上海〕

一二

九月廿三夜:

很长的日文信今天上午收到（这次的信比以前好得多了，一个错误也没有）。你有这样的想法，我们很高兴。古人有“最小偏怜”之说，你是我们家里最小的一个，所以大家都喜欢你。你能明白这一点，大家很高兴。

今天我去看肺病，今天是拍X光片，所以还不知道病情如何。大概没有什么变化。我和阿姐在医院里遇见了你的朋友。这人好像叫谢春（？）生。他说是你的初中同学。他最近也患了肺病。他问起你的地址，我们告诉了他。他以前来过我们家，所以一见我和阿姐就认得。据说他现在是某大学（西安）的学生。

北京的阿哥昨天有信来。据他说，国庆节北京限制人口出入，不是因公不能随便进出。那样的话，你国庆节就不能去北京了。

你的同学陆金鑫前几天来此，说要借手风琴。你母亲便写信叫陆君去姨母处取这乐器。所以现在乐器在陆君那里了（听说陆君的家在姨母家附近）。

家里的猫近来胖了许多。英娥[注]拿来称了一下，已有九斤重，所以你回来时一定不会死。不必担心它会死。近来副食品越来越多，鱼也时常能买到。所以猫食一直很多。

家里没有什么变化，一切都和你在时一样。只是窗前的蝉声没有了，代之而起的是每晚蟋蟀的叫声。江南的秋天很可爱。草草。

致新枚

父字

〔1959年，上海〕

注：英娥（也作应娥），家中女工，亦是乡亲。

一三

九月廿五夜：

附书签的信今天收到。书签已给芳芳[注一]，她非常高兴，说要把一枚送给她哥哥。

这里已是国庆盛典的打扮。淮海路上到处都挂着辉煌的彩灯。今天下午我和阿姐一起去城隍庙玩，那里完全变了样。从前窄狭的丽水路现在变成了宽阔的大道，竟认不出了！庙里也处处变了样，九曲桥的池塘里种着莲花，还有喷泉。有很多小朋友在九曲桥上。就连星期五也非常热闹，挤不过去，更不用说星期天热闹的景象了。

那个跛子（是×××吧?）的家必须从此地迁走了。听说他母亲欠了二千多元房租，房管处强迫他们迁到徐家汇不好的弄堂房子里去。这是邻居张师母说的。今后你暂时不要与他通信。他母亲确实不是好人。听张师母说，她非常强辞（词）夺理，怎么也不肯搬家，但碍于里弄群众的公愤，只得服从。那跛子实在很可怜。你和他通信时，最好不要提起上述情况。

你感冒痊愈了吧？大家都很担心。要多保重。我们现在这样打算：明年四月开政协大会时，全家（包括满娘）都去北京（听说连家属也是公费），回来时去游天津。天津确是个好地方，我向往已久，因为李叔同[注二]先生在天津出生。四五月时，天津的气候料想不错。

上海已凉快了很久，但昨天突然热起来，窗前树上最后的蝉叫起来。中秋过后蝉还未死，真是少有的。

副食品越来越多了。统战部每月送来肉和蛋，你母亲很高兴。草草。

致新枚

父字

〔1959年，上海〕

注一：芳芳，邻家女孩张莉芳的小名，有时也叫阿芳。其妹叫平平（萍萍）。

注二：李叔同（1880—1942），即弘一法师，法名演音，号弘一，晚号晚晴老人。精通绘画、音乐、戏剧、书法、篆刻和诗词，是丰子恺在浙江省立第一师范求学时的老师，出家后又收丰子恺为弟子，对丰子恺一生影响深广。

一四

九月廿九夜：

二十六日信今天（二十九）下午收到。游行时，关照要尽量穿新一点的衣服，你的“寿衣”[注]没带去大概后悔了吧？寒假一定带去。因为即使过了十周年，也会有需要穿新衣服的其他机会。上海已完全变了样，到处有许多电灯和新建筑物。我曾经到南京路和淮海路去看过，热闹得很，挤不过，所以看一下立即回家。今天下午我参加了建国十周年的庆祝会，外宾多得很！因此从三点开始到五点就散会。从列宁格勒来的外宾带来了很多礼物。其中有很大的花瓶。

我终于去检查了肺病，还是和去年一样，不好不坏。还是吃雷米丰。你的感冒如果还没有好，千万不可怠于看病，因为年青的人肺较弱。

今天是星期二，我在写此信时，阿姐他们五人在楼下学习法语和德语。

致新枚

父字

〔1959年，上海〕

注：家人戏称最好的衣服为“寿衣”。

一五

九月卅日夜：

今晚节日的气氛非常浓厚。全市的电灯数也数不清，大约有几百万只。现在（晚七时）姆妈、阿姐、联阿娘、咬毛、细毛[注一]和阿芳六人去玩了。我一人在家休息，觉得寂寞，就写此信。

咬毛今天早上七点到达上海。她大概想家，只有三天休息也要回来。但是家里并不欢迎她，怪可怜的。她在这里吃晚饭，这时秋姐[注二]打电话来了。阿姐和秋姐在电话里说话时，我对咬毛说：“你要和阿姐讲话吗？”咬毛好像不想讲的样子，但终于还是去接电话了。只是她自己不讲话，始终听秋姐讲话。听完以后，回到餐桌边时，她哭了起来。大概秋姐在电话中责备了咬毛。因为咬毛回来，要多费钱了（联阿娘家费用大部分由秋姐负担）。我和阿姐都怪秋姐，节日里不可责备人。总之，这种悲剧都是金钱在作祟！[注三]（祟音细。日本是动词，自动词四段活用。）所以我当晚给了咬毛五块钱。今晚咬毛宿在我们家，因为自己家没有趣味。她后天回无锡[注四]去。邱祖铭的儿子到底没能进高校（体育）。现在在家里自学，和你去年一样。[注五]

今天，北京的阿哥来信。据说你的学校出现了反动标语，那是想不到的事情。我以为工科学校总是没有反动分子的。

江湾的哥哥[注六]今天来电话，说十月二日他全家要来这里。据说宝姐、先姐家也要在这一天来。那时一定很热闹，像元旦一样。

在日本，有关精密仪器的书一定很多。我有很多日本文版书目，但都被人借去了。前几天问过民望哥，他那里只有音乐书目录。那么别的目录一定在葛祖兰先生处或吴朗西[注七]先生处。以后我问问葛和吴。如有目录，可从中选出你所需要的书向日本去订购。但这事现在还早。顺便说一件事：那位内山完造[注八]先生于九月二十日在北京去世了。他为了庆祝建国十周年来到中国，但因脑溢血在北京去世。遗憾之至！他的骨灰这几天运来上海，我要去上海公墓吊唁。他今年七十四岁。现在是“扰攘红尘界，从今当隔离”[注九]了！听说满娘时常同女仆争吵[注十]。那女仆很讨厌满娘，希望她回上海（她以为满娘是客人）。满娘十分苦恼。那女仆自己提出辞职，满娘马上同意。但她又拖拖拉拉地不走。这就更尴尬了。正如石门湾的俗语所说：“先进山门为大。”如果她来时，满娘正在杭州，就不会有这事了。她把满娘当做（作）来杭州作客的外婆，而杭州大学的外婆有很多跟女仆一样。看来人世间有各种各样的事，真是复杂得很啊！

十月二日晨：昨晚先姐、宋姐夫、毛头和小冰都来这里住宿，看烟火看到十一点才睡。全市都在狂欢。今天天气非常好，真是少有的（过去国庆总是下雨）。

致新枚

父 字

〔1959年，上海〕

注一：联阿娘，丰子恺之妻妹徐警民（1904—1979），又名联珠，新枚称她“联阿娘”或“联娘”。联阿娘三女沈纶（后为新枚妻）小名“小毛”，因家乡话常称“小”为“咬”（ào），亦称其为“咬毛”；四女沈敏，小名“细毛”。

注二：秋姐，咬毛的大姐沈国驰（号佩秋），生于1926年，内科医师。

注三：联阿娘多子女，生活拮据，全仗已出嫁之长女沈国驰协助理家。正如此处所说：金钱作祟。其实母女姐妹感情极好。

注四：她当时在无锡轻工业学院读书。

注五：新枚在入天津大学之前，因患肺病，曾在家休养一年（自学）。

注六：指新枚的大哥华瞻。

注七：吴朗西（1904—1992），编辑家、出版家、翻译家。

注八：内山完造（1885—1959），日本冈山人，1916年至1947年一直居住在中国，主要经营内山书店。内山完造是鲁迅先生的挚友，也是丰子恺之好友。晚年从事日中友好工作。

注九：这是日本《伊吕波之歌》中的一句（原文此句中还有“今日”二字）。丰子恺曾在《琐记》一文中将此句译成“扰攘红尘界，从今当隔离”。

注十：满娘在杭州依女儿而居，但常到上海丰子恺家。女工则以为她在沪依弟而居。

一六

十月六日夜：

二日的信昨天收到。其中有一些错误。

（1）“吃饭”的“饭”一般不这样讲。称为“御饭”。这个“御”不是敬语，已成了习惯。

（2）“附近”一般不用。称为“近所”。

（3）“子新枚叩”不是日本式的，是中国式。日文应用“息新枚拜上”。如果是朋友，不用“拜上”，而用“拜啟”。

你信上讲到吃海参。海参是我喜欢吃的东西。昨天薛佛影[注一]先生来，劝我吃这东西。所以如果天津有卖，你买一些放着，寒假时带回来。什么店里有卖，向天津的本地同学打听一下。

薛先生是同儿子万竹一起来的。据说万竹每星期天都回家。他仍然口吃，叫我“伯伯”时，在父亲的帮助下好容易叫出来。他还没收到你的信，所以来问你的地址。我已把你的地址写给了他。他说那天在火车站苹果落在地上，因为人多拥挤，被踏坏了。他表示了感谢的意思。

今天是民主德国建国十周年，我出席了大会。在会上碰见文化局长，他又谈起画院院长的事。我虽坚拒，但他说已向国务院申报。看来这件事无论如何推不掉了，我还是要当院长了！但打算不受工资，今后不会很忙。

最近月珠大姨（母亲的姐姐[注二]）来了。睡在你的床上。所以家里热闹了些。

致新枚

父字

〔1959年，上海〕

注一：薛佛影（1905—1988），上海工艺美术研究所雕刻工艺师，国家文化部授予特级工艺美术大师。

注二：是堂姐。

一七

昨天，××来信说："我悔改了。请原谅我。六个孩子每天挨饿。冬天近了，衣物没有着落。请看在孩子们面上借给我三十元。"宝姐说："给他十元。"但我想，没有那么容易。回信这样说："你有悔改之意，我一定原谅。但去年你敲诈，家里人都很气愤。尤其是华瞻两度写信给你这流氓，至今还在气愤。因此，如果你不向华瞻道歉，谁也不愿意到邮局去汇款。"如果他给华瞻写来了谢罪的信，我打算寄他十五元。

今天沧祥来电话通知：嘉林大伯[注]昨天去世了。终年八十三岁。沧祥今晨坐火车回去。我汇十元去吊慰。

内山完造先生最近在北京去世。他的弟弟已抵香港，要到北京去把内山的遗骸迎来上海公墓安葬。到那时我也将参加。

日本书的目录在葛祖兰先生处，日内叫英娥去取回。(葛上了年纪，不能拿重的书来)。取来之后，如果有你所需要的书，就把目录寄给你。内山虽去世了，他弟弟内山嘉吉仍在东京主持内山书店。以后要买书时，可以写信给嘉吉，仍旧可以买。

致新枚

父字

〔1959年〕十月十三日〔上海〕

注：丰嘉林是丰子恺的堂兄，沧祥是其长子。

一八

十月二十八日下午：

昨天是我的生日。上海还是缺乏副食品，所以不去饭店，在家里招待客人。来客是：朱幼兰[注一]、联阿娘、月珠大姨、奎娘舅和宝姐等人。

内山的骨灰前两天运来了，前天埋葬在万国公墓。我去参谒了。他弟弟内山嘉吉也来。你要买的书（连民望哥要买的音乐书），我拜托了嘉吉。嘉吉不日将返回日本。

阿姐说：你的新卡其制服脱下后会与他人的衣物混错，所以要在上面写个字。如果是帽子，在里面用钢笔写；上衣则在领头里面写，裤子写在袋里。这样就不会和他人的混错了。

画院院长的事看来就要成为事实。我已经同意了，但提出不受薪水的条件，只是文化局不同意这条件。他们说："你可以在家里工作，但薪水一定要送。"如果非这样不可，我也就不打算再争了。

联阿娘最近生病了，在自己家里烧饭有困难，所以和细毛两人宿在我们家里。联阿娘睡你床上，细毛睡地板上。

芳芳和平平[注二]每天晚上一定来这里。阿姐很喜欢平平，芳芳昔日的地位现在被平平夺去了。从性格上讲，平平确实胜于芳芳。芳芳是林黛玉式的，平平是薛宝钗式的[注三]。两个女孩（有时她们的弟弟维维也一起来……）每晚在这里玩到八点。一到八点钟，她们的父亲会来喊她们回去。你姆妈有时嫌我和阿姐太喜欢芳芳平平，尤其是给她们食物的时候。妈妈把亲戚和邻人分得很清。如果是朝婴或"弟弟"[注四]，她认为是亲密的，而芳芳平平就不亲密了。这也很可笑。

你还没有到过北京。如有空闲，不妨到北京去一趟。例如星期六下午去，星期天晚上火车回来，花的钱也不多。你可在阿哥处住宿，作一日游，用不了十块钱吧。由阿哥为你导游，可以游玩一些主要的地方，但事先必须与阿哥约好。

上一封信提到买海参的事，但听说国庆节供应多，国庆以后又会少了，所以你不要再买了。这不是我十分喜欢吃的东西。

致新枚

父字

〔1959年，上海〕

注一：朱幼兰（1909—1990），早年皈依印光法师，丰子恺之好友，《护生画集》第四、六集题字者。退休前在上海第十五中学任职，曾任市佛协副会长。

注二：芳芳平平的母亲因短期外出服务，将芳芳（当时读小学）托住在隔壁的丰一吟照顾。后来妹妹平平（尚未上学）也常来玩。

注三：奇怪的是二人长大后性格与小时完全不同了。

注四："弟弟"是杨朝婴的弟弟，但家里无论老幼都称他为"弟弟"。

一九

十一月四日：

向日本订购书的信，昨天航空寄出了。你的一共二十二册，也许不能全部买到，大约一个月后有回音。价格大约一共三十元光景（日本一百五十元=人民币一元）。

家里一切照旧。大家都很健康。

小包（衣服）收到了，上月底的汇款（四十二元）收到了吗？最近的信里没有提到，阿姐很担心。如果忙，每星期写一张明信片即可。写长信费时间。

上海最近有表卖，但很难得到机会（没有券不能买）。我因为文史馆的照顾，得到一张券。日内想买一只瑞士表，因为我的怀表太重，不方便。

前几天有一个本来不认识的青年在我家住宿。这人名刘孔菽，是江西省吉安县人，很喜欢画，特别爱好我的画。今年才十九岁，美术天才很丰富，我从未见过这样的人。他从吉安一到上海，立刻来访问我。他想进杭州艺专，但公开的考试期限已过。现在带着组织上的介绍信，想去杭州艺专交涉。但去杭州向学校交涉，无论如何不行的。吉安人不知此间消息，以为“只要有组织上的介绍信，随时可以入学”，岂非可笑？所以此人不得已，再度从杭州回上海，再次访问我，打算在南京乘船回江西，但在杭州火车站对着旅客作写生画时，钱包被人偷窃去，火车票也放在钱包里，连忙向警察报案。但身上一文不名，不得已，在警察局宿了一夜。次日，警察捉住了那扒手。除了车票当天已退掉外，钱都没有动用，全还他了。此人很穷，所以警察把车票的价钱（三元多）偿还给了他。现今的警察、现今的社会秩序，实在太好了！这人在我家宿了二夜，今天回去了。我看他可怜相，送了他十元。他打算明年夏天再来杭州考试。

阿姐说：冬天到了，洗冷水浴恐怕会伤风，不可再洗。你自己注意。华瞻哥最近去南汇劳动，只有两个星期，不太辛苦。听说北京的阿哥也去劳动，但痔疮复发，生病了。你该去信问候。

致新枚

父字

〔1959年，上海〕

芳芳平平照旧每晚来此玩。

我看你的日汉字典太小了吧？如你想要详细的，我买一本上海新出版的日汉辞典给你吧。广洽法师[注]送的钱正好够用。

父字

注：广洽法师，1900年生。1921年出家于厦门南普陀寺旁的普照寺。1931年经弘一法师介绍与丰子恺认识。1937年避寇赴新加坡。1948年回厦门时与丰子恺首次会晤，1965年在上海重逢。二人鱼雁往来达四十三年之久。1975年丰子恺去世后，广洽法师于1978年到沪上祭奠，曾在新加坡出版丰子恺作品多种。1984年成立的丰子恺研究会和1985年重建的缘缘堂，均得到广洽法师的热情支持和赞助。广洽法师在新加坡创办弥陀学校，主持佛教施诊所，退休前任新加坡佛教总会主席。1994年圆寂于新加坡，终年九十五岁。

二〇

手启（十一月十七日）：

《日汉辞典》一册，今日由邮局寄出。这辞典十分详细，我觉得极好。其查法大概是新的，即："ヂ""ヅ"不再使用，而改用"ジ""ズ"。发"ワ"音的"ハ"、发"イ"音的"ヒ"，发"ウ"音的"フ"、发"エ"音的"へ"、发"オ"音的"ホ"，都改用"ワイウエオ"了。在这辞典后面

有“汉字索引”。这很有用处。例如如果不懂得“蟹”这东西在日本称什么，在这索引的十九画里一查，立刻知道是“カニ”了。

这辞典的价格是十三元。广洽法师送的钱正好够用，所以阿姐已从你的存款中支付了。凡机械方面用书，都由家中支付，其他的书则从你自己的钱中支付。

此处诸人皆平安度日，候你两月后归来。客堂里的钢琴也在等你归来。你离去之后，这钢琴没有一个人弹。只有偶尔芳芳来弹弹蹩脚的小曲。

致新枚

父字

〔1959年，上海〕

二一

十一月二十五日：

天津已这样冷了吗？我感到惊讶，这里还是六十度的和暖日子。明年春天我们（姆妈、阿姐和姑母）去北京时一定去天津玩。邻居两个孩子每晚来此玩，如果没有这两个孩子，实在寂寞。学校的伙食如果变成食堂制，你要尽可能选营养好的菜来吃！因为健康最重要。

致新枚

父字

〔1959年，上海〕

二二

新枚：

你们苏先生来信谢我所赠书扇，其信附去，你看后不要了。另附一信，你便中送去。苏信上言，你校近来重务实，想课业必忙。菲君不知何故，不得上级信任，时多苦闷，此实非始料所及。最近他来信，说好转些。以前有一时，他生病（泻疾），常不蒙照顾，北大有此种不合理情况，我未敢相信也。菲君说：国庆节他去找草娘舅，下乡去了。他就到黎丁家，黎留他宿夜，并招待他饮食，黎丁真要好子[注一]。此人古道可风，琇年亦好客。我也常常寄信或送东西给他们。

家中一切照旧，我杭州决定不去，画院难得去。你在家时，他们来言院长薪俸尚未批准，至今仍无消息。听人说，是不能不受的，但即使受了，我也不去办公。

父字

〔1960年〕十月十二日

朱先生[注二]之表已修好，完全同你的一样，他很高兴。写许多字送广洽师。

注一：要好子，石门一带方言，意即殷勤。

注二：朱先生，指朱幼兰。

二三

十一月廿一夜：

你有志学习书法，甚好。但这事必须从基本练习做起。你以前摹仿我的字。我是以《月仪》为基础的，所以你必须练《月仪》。《月仪》这字帖是晋朝一个叫索靖的人所写的，是最活泼的行书，古今以来无有可类比者。现在我把《月仪》一册以及我临写的若干张另邮寄你。有空时好好练练吧，一年后必出成绩。

致新枚

父字

〔1960年，上海〕

二四

新枚：

听阿姐读你信，知你们学生食事看重，此乃新时代新现象。从前青年不辨菽麦，不知稼穑艰难。今日青年都知道“一粥一饭，来处不易”（《朱子家训》中语）[注一] [1]。此乃人生极有意义之一种考验。但今年奇荒，所以如此。明年但得稔熟，必不如此紧张。

你有时间学外文，甚好。但勿妨碍务虚。今日中国，譬如造屋，现在正在筑基地，打夯（音han[注二]），需要有大力之人平地，而暂不需要造屋、筑墙、制窗门、制木器，乃至作壁上书画装饰之人才。所以“务实”暂不被重视。但基地筑成后，要造屋时，自然需要上述各种人才也。此喻甚切，可三思之。

画院今日送工资，正院长每月二百二十元，从七月份送起。我再三辞谢，被四个人强迫，只得受了。但照旧不去办公，有事由该四人来我家报告。因此，此工资等于退休金也。今将二十元封在此信内，给你作为“阳历压岁钱”（与按月汇款无关，乃额外）。本想邮汇，恐你在校中招摇，故违邮章封入信内。但压岁钱作别论，也许不能说犯邮章。你在津年余，尚无熟悉之友朋家，否则可以托转。明春我到津后，你一定有更多熟人。以后寄物便当些。

旧历年无论几天，你决定南返一次。据菲君言，因欲省煤，假期并不短。

华瞻哥今日迁屋，较宽敞，不久他们迁回江湾。我们这里又清爽了。荷大伯[注三]前日来此。满娘要管临君，走不开，阴历年来否亦不可知。

父字

〔1960年〕十二月六日夜〔上海〕

收到后即来一明片，言压岁钱收到，以免挂念。

此款可作阳历年游北京之用。阿哥看来不下放了，至今未定。

注一：引文出处及原句详见书末注释，均以阿拉伯数字标记。——编注

注二：Han，非汉语拼音，是英文。

注三：荷大伯，名丰月秋，丰子恺堂姐。

二五

元旦下午手启：

你从北京回来后写的信收到了。阿哥也来信了。据阿哥说，你什么都吃，凡是人吃的东西，你没有一样不吃。又，说你不修边幅（即两个月理一次发等。不修边幅，即落拓），比阿哥更甚。前者甚好，后者不宜，自行车运费只六角，真便宜。

今天宝姐、先姐、华瞻哥都来这里，十分热闹。现在都已回去。今年贺年片很多，月历也送来很多。今将其中最佳的一个寄你，附此信中。这是可以放在桌上的。

在天津骑自行车时，要比在上海时格外小心才是。人们往往以为是在小都市里，便粗心大意了。不可这样。日本有一句话叫“油断大敵”，意即疏忽是人的大敌。

致新枚

父字

〔1961年，上海〕

二六

新枚：

我廿八日返上海。途中曾发烧三十八度，在兴国滞留，一医生，一小包车陪我，准备乘飞机先返上海，终于次日退烧，仍上井冈山。但西药及打针力大，不胜疲乏。返沪后即赴华东[注一]诊治，吃中药调养。今已渐渐复原。同行二十九人中，有三四人（老人）患病，但皆无恙，顺利返沪。此行经七八地方，行六千余里，共三星期，收获丰富（文材、画材不少，待健康后写出来），但十分劳倦。我平生首次经验也。

大会听说在十一月中。可以多休息，也好。

国庆节，此间来了七个乡下客：阿七等三人，圣高[注二]及其妹等四人。今已大半回去。乡下人生活丰富，钞票甚多，故多出游。

满娘的脚至今未愈，不久要来上海医治，临君正在设法交托儿所。

荷大伯听说也要来。

途中作诗甚多，今抄数首给你。

父字

〔1961年〕十月四日晨〔上海〕

注一：华东，指上海华东医院。

注二：阿七，名蒋镜娥，丰子恺之妹丰雪珍（雪雪）之女。圣高，姓钟，是丰子恺之母的侄孙。

二七

恩狗:

照片收到。我大约十一月下旬内到北京，确定日子后再告。王绍棠的东西，你带到北京，由我带回上海。我有人代提行李，不须自己费力。

锁买不到。不必说数目字的，普通的也买不到。且随时留意，倘买到，我带给你。房间里会遭窃，真了不得。你只有随时当心，衣物不乱放的习惯养成，倘再失窃，就怪不得你了。万一你也遭窃，也不必深惜痛悔。添制衣物等事，我们总有办法的。

近日南颖在此。雇一临时保姆，所以大家并不忙。我近日甚空，天天看《源氏物语》。因为赴北京之前，要参观上海各机关，而我没有参加参观（老弱者自由参加）。

九月廿六（十一月四日）那天[注]，我们在“功德林”办三桌酒，诸亲戚都全家到。天气很好。你在天津遥祝，很好。五十元一桌的素菜，等于从前二十四元的。

你劳动结合业务，很有兴味，甚好。弄机械要当心危险。

父字

〔1961年〕十一月十四晨〔上海〕

注：农历九月廿六日是丰子恺生日。

二八

新枚：

你的信前几天收到。去杭州的车票，阿姐替你买好。回来的车票，已托黄鸣祥先生买，你可放心。

我和姆妈二十八日（星期三）带了南颖先去。希望你与阿姐一起去。但火车难免拥挤，要当心。

和歌四首是我喜爱之物，送给你。

父字

〔1965年4月〕二十四日〔上海〕

二九

别后我早出晚归，平安无事。因重点在公安六条，与我无关。近日则集中力量于“五一”庆祝，我有时帮助贴标语，只做小工，并不吃力。“五一”调休，星期日上班，星期三、四放假二天。母亲因管南颖而身体健康了，阿姐因管小明而身体健康了，我因天天上班而身体健康了。近来只觉得烟、酒、饭，都味美，此即健康之证。故我希望文革延长，我永远上班，则永远健康。走去车回，天天如此。

来信已报告烟的情况，未报告酒的情况，以后打听一下。窝窝头，我是一定吃得惯的，只要有酒。明年此日，我与母一定已到过石家庄了。

经布[注]永不来，但有一对来过二三次，肃静数小时，悄悄地离去。

《调笑集》（手写）一卷已寻着，在姐书架内。

〔1968年4月，上海〕

注：经布，即织布。织布时梭子穿来穿去。此处指一个“造反派”一度占用丰家二楼北房用于谈情说爱。因似穿梭般经常来，丰子恺为其取名“经布”。

三〇

连环诗词句（五言）［注一］

寥落古行**宫**花寂寞**红**豆生南**国**破山河**在**山泉水**清**泉石上**流**光不待**人**闲桂花**落**月满屋**梁**上有双**燕**燕尔勿**悲**风过洞**庭**中有奇**树**下即门**前**年过代**北**风吹白**云**深不知**处**处湘云**合**欢[2]尚知**时**时误拂**弦**上黄莺**语**罢暮天**钟**声云外**飘**飘何所**似**听[3]万壑**松**月夜窗**虚**名复何**益**见钓台**高**台多悲**风**雨送归**舟**载人别**离**人心上**秋**风吹不**尽**日栏干**头**上何所**有**弟皆分**散**步咏凉**天**意怜幽**草**色洞庭**南**北别离**情**人怨遥**夜**久语声**绝**域阳关**道**路阻且**长**鬣知有**恨**别鸟惊**心**远地自**偏**惊物候**新**人不如**故**国梦重**归**来报明**主**称会面**难**得有情**郎**骑竹马**来**者日以**亲**朋无一**字**字苦参**商**略黄昏**雨**后却斜**阳**春二三**月**是故乡**明**月出天**山**中方七**日**日人空**老**至居人**下**山逢故**夫**婿轻薄**儿**女共沾**襟**

我接不下去了，看你有何办法。须注意：不可重复。且襟字太难，我本想使之首尾相接，只有用“龙宫俯寂寥”，才可与第一个“寥”字相接，但龙字不易接，就此作罢。［注二］

抽水马桶，出三元五角，已修好（挖出“坑仁”——读如“宁”——几公斤），甚快。我已习惯于此种生活，七天一休息，亦觉快适。第一注意饮食起居，身体健康。也许今秋可到石看你。母希望暑假中同南颖到石，但未能定。

这是你们结婚时的红烛的泪珠，尚有一个烛头我保存着[注三]（一点红蜡泪，不久落脱了。这是好兆），将来带到石来给你们。

叫阿姐到石当女工，我很赞成，索性我与母大家做了石人，也很好。但这是愿望而已，不知能成事实否。

马一浮[注四]诗，实在有好的。有一次我说：诗可否不用古典。他说：白描何尝不可。就送我一首诗（时在四川），内有二句云：“清和四月巴山路，定有行人忆六桥。”四月，称为清和月，巴山即四川。此二句甚好。所以他回杭后，住在苏堤蒋庄。可惜迟死了一年，以致被逐出，去年才死。

〔1968年5—6月，上海〕

注一：集五言古诗句而成，前句之末字为后句之首字。

注二：新枚在信末续成连环诗词句如下：下窥指高**鸟**道高原**去**也不教**知**是落谁**家**住水东**西**北是长**安**禅制毒**龙**

注三：原信此处有铅笔横断面大小的一滴红烛油痕迹。

注四：马一浮（1883—1967），号湛翁、蠲叟等。国学家、书法家、篆刻家，近代新儒家学派的代表人物之一。新中国成立后历任浙江文史馆馆长、中央文史馆副馆长等职。

三一

新枚：

你一定天天候好音，等得不耐烦了。所以我今天把详情告你，以资慰藉。并有好消息，即林×××报告中提及："资产阶级学术权威，或一批二看，或一批二用，或一批二养，不作为敌我矛盾，而作为内部矛盾。"（大意如此，想你已看到了。）近一二月来，变化甚多，总之是一步一步地使斗批对象与群众接近：起初拆牛棚，与群众住在一起，改请罪为请示，改三鞠躬为一鞠躬，与群众一起学习；今天又废止劳动（本来每天早上劳动半小时，我是揩玻璃窗），前天起，大家戴像章——总之，是渐渐地使我们与群众相融合。看来是逐步进展，直到解放。前天有工宣队声言，即日要定性定案，但二三天来杳无消息，想来是被"九大"耽搁了。总之，时间不会长了。我身体甚好，每天早上六时四十分出门，廿六路电车常有座位。星〔期〕一、三、四、六，五时下班。星二、五，八时下班。但今天（星二）忽然六时下班了，可见此例也将改变。贺天健[注一]每天来，有时请病假。陈××捉进派出所了。马公愚[注二]病死了，此外无变化。我每天廿六路去，四十二路回家。走资派程亚君[注三]隔离了一年多，最近放出来了，和我们住在一起。

附告，隔壁阿芳，今天到黑龙江去了，昨夜来辞行。我近日闲想，将来迁居到石家庄，同你住在一起。我不在乎吃食。天时不如地利，地利不如人和也。

我闲时常背诵《金缕曲》，喜爱的有六首："季子平安否"，"我亦飘零久"，"披发佯狂走"（李叔同），"秋老江南矣"（李），"绿树听鹈鴂"（辛），"深阁垂帘绣"。大概你都知道了。

〔1969年4月28日，上海〕

注一：贺天健（1891—1977），江苏无锡人，画家、书法家。

注二：马公愚（1893—1969），浙江温州人。上海中国画院画师，上海文史馆馆员。

注三：程亚君（1921—1995），安徽歙县人。擅长版画、中国画。曾在部队做美术工作，新中国成立后任上海人民美术出版社副总编辑等职。

三二

新枚：

我很健康。生活也习惯了。北面房间，上星期已还给我，现在家里很舒服，我同母睡在北室，前室作吃饭间，阳台空着。可惜你不来看看。我单位文革进行迟缓，别的单位也如此，听说五月内要定性定案，但是否实现，很难说。总之，我现在不希望它早结束，反正总有结束的一天。林×××报告第四部分中指出对于资产阶级反动学术权威一段，你想必看到了。这证明党处理从宽，我放心了。我近来相信一条真理：退一步海阔天空。退一步想，对现在就满足，而心情愉快。例如你，远在石家庄，不得见所亲的人，但退一步想，如果到了更远的地方，还要苦痛，则现住石家庄，可满足了。你不在此，家中全靠阿姐，凡对外对内种种事体，都是阿姐主持。她近日观察，她不会下放插队落户，故可放心。我劝她重温日本文，因俄文无用，而英日文尚有用，是毛主席说的。

我们请罪已改为请示，鞠躬取消，身戴像章，劳动废止，与群众混处一起，只欠缺“解放”二字。由此看来，这不是一刀两断的，而是逐渐逐渐的。近日来，我完全无事，全面交代早已通过。现在天天看别人交代，也快交代完了，故前途看来不很远了。总有一天将好消息报告你。

今天是阴历四月初二，即所谓“清和四月”，是最好的天气，与三秋一样可爱。希望三秋时能到石家庄见你。一定可能。

〔1969年5月17日，上海〕

忽忆：昔在重庆，马一浮先生有诗云："清和四月巴山路，定有行人忆六桥。"好句也。所以他回杭时居蒋庄（六桥），可惜不早死，在文革中被迫迁出，死在城中陋屋内。

三三

十八日下午信，今（廿二，星日）上午收到。我解放已不成问题，唯拖延至今，真不可解。现廿四人中已解放十二（一半），余十二人，看来不久即解决。我无疑是"一批二养"。且有补发工资，归还抄去存款之说。故我很乐观。你说退休问题，只要解放，出外即无问题，用请假亦可出外也。前告我"解放"之人，今见我，摇头皱眉，表示他不料如此拖延也。

我下乡，是"看劳动"，故全不吃力。只是坐田陌上，戴凉帽，在太阳下，很热。夜卧门板上，很硬。饮食全靠馒头腐乳，余皆有肉，我不能食也。归家后，一直健康。

前日稍觉疲劳（乃夏至之故，二至二分，老弱者必疲劳），去看病，沈医生给我病假三天，故在家休息，后天再去上班。六月底以前，看来可以解决，届时电告你可也。你处有绍酒，九角一斤，很好。火油有办法，很好。秋天我一定可到你处。“昝”字，查《学生字典》，音“柩”（“臼”），是仄声。

你写字太贪懒，例如“高”写成“䒑”，太简了。“数”字写成“玖”，亦难解。后宜改之。

今日南颖生日（十岁），华瞻全家来，我初见菊文，以奶粉一瓶为“见仪”。又买衣送南颖。好毛调职到石家庄事，宜抓紧。希望你俩早日团聚。

满目江山忆旧游，汀花汀草弄香柔[4]，长亭舣住木兰舟。

好梦易随流水去，芳心空逐晓云愁，行人莫上望东楼。

旧小说所载鬼词（见《广四十家小说》第四册）

今日华瞻全家来此，我忽忆昔日画题句：“满眼儿孙身外事，闲梳白发对斜阳。”（见《随园诗话》）阿姐说我并不当作“身外事”。诚然。

〔1969年6月22日，上海〕

三四

你的信（关于装电线的）我看到了。囡[注一]想已回津。我十六起又请假一星期，因腰痛，但甚微。在家无事，闲看日本字典。“况”是いわんや（その上、まして），但“岂”字竟无。恐日本是不用此字的？我的假齿破了，明晨去装新假齿，廿元，甚廉，但不知货好否耳。文革还有一年，我也听人说，但恐不确。有人言，廿年国庆大赦，不知是实否。我已习惯此种生活，故有思想准备，随便他何日解放，总之是“一批二养”耳。画院还有十二人未解放，但昨天有二人交代（我早已交代过），看来还在进行，似乎不会十分拖延也。后室解放后，家中住屋很宽敞，我与母宿后室，前室是吃饭间，阳台空着，放缝纫机，可惜你不来住。秋天如果我不能到石，要等你同囡探亲返沪了。你们何日能调在一处团圆，我很惦念。囡产期返沪，你能否同来？

产后婴孩如何处置？都是问题。母想同南颖、意青到杭州去，因软姐下乡，满娘不能来沪，所以母去看她。秋姐遭变[注二]，大家说最好与联阿娘同居。但现在闻冯的兄妻（即秋的“大娘”）要与秋同住，如此也好。画院前日宣布：已解放者，原薪一百元以下者，恢复原薪（例如原薪八十元，后减为五十，解放后恢复八十），原薪在一百以上者，暂付一百，以后再补。又听说贺的存款（共有二万多）已发还。如此，我的存款将来也会发还。阿姐说，钱君匋[注三]解放了，恢复原薪二百零八元，各单位办法不同，真看勿来了。

平上去入句，我又想出两个：“三九廿七”“油断大敌”，后者是日本格言“油断大敵（ユダンダイテキ）”，油断是疏忽，意谓疏忽是人生之大敌，此格言常贴在各学校的教室中。

〔1969年7月〕十七日上午书〔上海〕

注一：一吟的女儿有一蓝洋娃娃，称之为蓝囡。后来新枚以此称其妻，简称“囡”。

注二：秋姐遭变，指秋姐丧夫（“文革”中被迫害致死）。

注三：钱君匋（1906—1998），丰子恺在上海专科师范时的学生，后为金石书画家。

三五

新枚:

久未写信给你，有许多话想对你讲，拿起笔来不知从何说起。

首先：政策拖延，上周解放了三人，我不在内。还有十二人未解放，不知何日轮到我。反正时间问题，我现在也不盼望了。我把上班当作日常生活，注意健康，耐心等候，我准备等过国庆，等到春节。

秋天到石家庄，已成泡影，明春一定可靠。其间，好毛要来生产，你要来探亲，见面有期了。今天阿姐说，她也许要派外码头工作。我劝她要求派到石家庄，我与母跟她走。倘能如此，我们可以长久团聚了，至于石家庄物质生活条件，我实在看得很轻，不成问题的。只要有酒（威士忌也好），我就满足了。近我酒量甚好，每日啤酒一瓶，黄酒半斤。一边喝，一边讲《水浒传》给南颖、意青听（二孩已住我家，华瞻哥正在准备迁市内，未定）。

唐云[注一]撤销隔离已久，我与他很投合，互相勉励，得到安慰。我们近来星一、二、三到博物馆，四、五、六到药厂或画院劳动。劳动很轻便，而且有兴味，往往三四点钟下班。我闲时用各种方法消遣，有时造“平上去入”四言句（前已告你），有时做“一声诗”，即个个字用平声，或上声，或去声，或入声。古人有“全仄诗”：“月出断岸口，影照别舸背。且独与妇饮，颇胜俗客对。月渐入我席，暝色亦已退。此景最可爱[注二]……”以下忘了。我近作了“去声诗”：“种豆又种菜，处处要灌溉……”未完，真乃无聊消遣也。

前日有人评一画，写“停车坐爱枫林晚，霜叶红于二月花”，画一人坐看红叶，是画错了。因为“坐”是“为了”之意，非真坐也。例如“坐罪下狱”，即为了犯罪而下狱也。此“坐”字我过去亦不解，以为真坐也。

我上月装新牙齿，只出廿四元，很好。现在一切东西都咬得开，这对健康很有益，我很满意。母患眼疾，已好得多了，为根除，要开刀。开刀并不苦痛，但须住院数日，母正在考虑中。余后述。

〔1969年〕八月廿三夜〔上海〕

星六，阿姐同三孩到宝姐家去了，我写此信，一边喝酒。

注一：唐云（1910—1993），浙江杭州人。书画家，曾任上海中国画院副院长、上海博物馆鉴定委员等职。

注二：末二句应为："月渐上我席，瞑色亦稍退。岂必在秉烛，此景已可爱。"

三六

今日星期，华瞻一家来，去望母亲。母昨日开刀，经过良好。坤荣[注一]宿在医院陪夜。大约再住几天可出院。今天宝姐白天去陪。

八·二八命令后，加紧战备，诸事延搁。我已有思想准备，耐性等候，并不烦恼。听说，"退休"之风盛行。则我问题解决后，即可求退休，大愿遂矣。

你诗兴好，集"一"字起的七十多句，我无暇补集，想来可得一百句。我亦集句如下：新丰老翁八十八，儿童相见不相识，爱闲能有几人来，古来征战几人回，诗家清兴在新春[5]，能以精诚致魂魄，记拔玉钗灯影畔[6]，几人相忆在江楼，千家山郭尽朝晖，首阳山上访夷齐。[注二]

今日华瞻来，欣赏你的集句，一字开头的，他加了几句。

"三"字开头的：三山半落青天外，三春三日忆三巴，三晋云山皆北向，三月三日天气新，三年谪宦此栖迟，三边曙色动危津[7]，三千宠爱在一身，三月残花落更开，三春白雪归青冢，三分春色二分愁，三杯不记主人谁。“三”字很少。

赶快叫好毛申请调石家庄。现在备战，北京、天津、上海三处，都要疏散，时机正好，一定批准。好毛在石生产，有大娘[注三]照顾，甚好。事不宜迟。

〔1969年9月7日，上海〕

注一：坤荣，一位女乡亲，当时正在上海。

注二：此十句集句之首字连起来是：新儿（指新枚）爱古诗，能记几千首。

注三：大娘，指新枚在石家庄所租农家房屋的房东太太。

三七

看花携酒去　携来朱门家　动即到君家　几日喜春晴　冷落清秋节　可汗大点兵　莫得同车归　死者长已矣　玄鸟殊安适　客行虽云乐[注一]

你那集句，我看不懂，阿姐研究出了。现我也仿作如上，真乃无聊消遣，但亦雅事。

上周起，不到博物馆，到画院。可以不乘电车，步行十七八分钟。晨七半至下午五时。无甚事，真乃拖延时日，不知何意。八·二八命令后，局势加紧，每天要写思想汇报。我货色多，不觉其苦，每天写一张耳。

贺[注二]工资已定，是一百七十元，如此看来，我将来不会比他少，但不知何日实现耳。我准备到春节，大约不会再延了。阿姐言，退休者甚多，我就希望退休耳。

我吃“蜂乳”后，身体大好，不怕冷。过去“七十三度穿夹袄”，现在，七十一度我还穿单衣。

现在我家的问题，主要的是阿姐的工作。已申请当中学英文教师。如果决定了，那末，即使学校远点，也好。阿姐说，你最幸福，地点好，与战争无关，自己烧点菜吃吃，集集诗句，自得其乐。

乘此机会（北京、上海、天津疏散人口），快叫好毛申请调石家庄，如何？

了却君王天下事，×××××××[注三]。可怜白发生。中间一句我想不起，下次告诉我。

〔1969年，约10月上半月，上海〕

注一：此十句集句之首句首字与第二句第二字、第三句第三字……连接起来是：看来到春节，可得长安乐。

注二：贺，指贺天健。

注三：这一句为：赢得生前身后名。

三八

想到就写，有信时附给你，聊代晤谈。（重九日）

△有诗人置酒赏雪，合作黑白分明诗，主人曰：“乌雀争梅一段香。”夫人曰：“寒窗临帖十三行。”小姐避席吟曰：“纤纤玉手磨香墨。”婢曰：“点点杨花入砚塘。”又一婢曰：“佳人美目频相盼。”又一婢曰：“对局围棋打击忙。”又一婢曰：“古漆瑶琴新玉轸。”一幼婢曰：“阴沟滑翻豆腐汤。”主人以其用拗音句，罚跪（我添一句：煤球店里石灰缸）。

△古人评秦始皇诗句：焚书早种阿房火，收铁还留博浪椎。诗书何苦遭焚劫，刘项原非识字人。

△你十元汇到时，正好是重九（母生日）上午，是星期日，我在家亲收。我和母各受五元，我也是九月内生日的，此事预示母与我身体健康，寿命延长。

△柳氏幼女入寺烧香，一青年僧新月作《望江南》云：“江南柳，叶小未成荫。枝嫩不胜攀折苦，黄鹂飞上力难禁，留取待春深。”柳女之父告官。官捕新月，亦作《望江

南》云："江南竹，巧匠作为笼，留与吾师藏法体，碧波深处伴蛟龙，方知色是空。"新月曰："死则死耳，愿再赋一《望江南》。"官许之，僧曰："江南月，如镜复如钩。如镜未临红粉面，如钩不展翠帏羞，空自照东流。"官大嘉许，令还俗，以柳女许配。

△有士人逾墙偷入人室女，事觉到官，官出题"逾墙搂处子诗"面试。士人秉笔云："花柳平生债，风流一段愁。逾墙乘兴下，处子有心搂。谢砌应潜越，韩香许暗偷，有情还爱欲，无语强娇羞。不负秦楼约，安知汉狱囚？玉颜丽如此，何用读书求？"官大赏，判女许配。

△今日重九，姐带三孩到佘山（松江）去登高，联阿娘全家来吃午酒祝寿。天气晴明。我吃"蜂乳"，身体增健。现在九点钟，我已在喝酒。

△玉人何处教吹箫　君王醉枕香红软　君知妾有夫
埋玉深深下有人　问君能有几多愁　思君如满月[注一]
唤起玉人与攀摘　君　梦长君不知
玉　终日望君君不至　君
更无人倚玉阑杆[8]　君　君
摇落深知宋玉悲　君

脸似芙蓉胸似玉　　　　　　　**君**

△李叔同先生诗：天末斜阳淡不红，虾蟆陵下几秋风。将军已死圆圆老，都在书生倦眼中。

△记得某人咏“御沟”，有“此波含帝泽，不宜濯尘缨”[9]之句。其友劝改“波”为“中”。因封建主最忌风波，故应避免。

△**落**花犹似坠楼人　**去**来江口守空船

　落　　　　　　自**去**自来梁上燕

　　落　　　　　　**去**

上穷碧**落**下黄泉　　　**去**

　　　落　　　　　　**去**

门外无人问**落**花　　　　　**去**

胡儿眼泪双双**落**　钿合金钗寄将**去**

来往亭前踏落花　**上**有青冥之高天

春**来**遍是桃花水　天**上**麒麟原有种

　来　　　　　　**上**

自去自**来**梁上燕　　　**上**

　　　来　　　　　　**上**

　　　　　来　　白日秦兵天上来
无人知是荔枝来　　　　　　　上

下有绿水之波澜　明月明年何处看
　下　　　　　　　明
　　下　　　　　　　明
　　　下　　　　柳暗花明又一村
埋玉深深下有人　　　　　明
　　　　　下　　　　　　　明
　　　　　　下　斜倚薰笼坐到明

大风起兮云飞扬　小
　大　　　　　　　小
　　大　　　　　转教小玉报双成
　　　大　　　　　　　小
　　　　大　　　夜阑闻唤小红声
　　　　　大　　　　　　　小
来岁金印如斗大　醉乡广大人间小

多病所须唯药物　少小离家老大回
　多　　　　　　年少抛人容易逝[10]
故乡多少伤心地　　少
　　　多　　　　　　少
近水楼台多得月[11]　　　少
　　　　　多　　　　　　少
　　　　　　多　枝上柳绵吹又少

老去悲秋强自宽　梦
　老　　　　　　　梦
诗人老去莺莺在[注二]　梦
中庭树老阅人多　十年无梦得还家
　　　　老　　　　　　　梦
　　　　　老　　　　　　　梦
洛阳才子他乡老　　　　　　　梦

△有人咏周瑜诗，中有对云：“大帝君臣同骨肉，小乔夫婿是英雄。”佳句也。后改为“大帝誓师江水绿，小乔卸甲晚妆红。”乏味矣。

△有人生子，请人作诗，限“恶索角”韵。其人咏曰：“昨夜天庭雷雨恶，蛟龙拼断黄金索，六丁六甲无处寻，却在君家露头角。”[12]可谓巧。

△后妃生产，帝命臣咏诗，臣曰：“君王昨夜降金龙。”帝曰：“女也。”臣曰：“化作嫦娥入九重。”帝曰：“死矣。”臣曰：“料是人间留不住。”帝曰：“抛水中矣。”臣曰：“翻身跳入水晶宫。”

△有人命人咏鸡冠花，曰：“鸡冠本是胭脂染。”曰：“是白鸡冠花。”曰：“洗却胭脂似粉妆，只为五更贪报晓，至今赢得满头霜。”

△清朝有一文人名李渔，字笠翁，编《芥子园画谱》。此乃中国画的教科书，亦创新也。此人有怪论：“夏天怕热，有一良法：到日光下立半小时，入室，便凉快矣。冬天怕冷，亦有良法：到西北风中吹半小时，入室，暖和矣。”此颇有理。今人下班归，觉家中舒适，即此理也。若竟不上班，则家中亦不甚可爱。

△有人到酒店买酒，主人问学徒：“君子之交淡如何？”（君子之交淡如水）学徒答曰：“北方壬癸已调和。”（北方、壬癸，水）买客曰：“有钱不买金生丽。”（金生丽

水，玉出昆岗）便到对面酒店去买。主人曰："对面青山绿更多。"（青山绿水）言酒中冲水也。

△父给五千元与子，命入京应试。子不考，寻花问柳，得病而归。父检其行囊，见诗稿，有"比来一病轻于燕，扶上雕鞍马不知"之句，大为赞赏，曰："足值五千元。"

廿三晨写：八·二八命令及"清队复查深挖阶级敌人"号召到后，形势忽然紧张。原定十日内定案，已延迟。已解放者，皆复查。听说要弄到明年五月十六。只好耐心等候。

〔1969年10月19—23日，上海〕

注一：原信在此句后附有下句：夜夜减清辉。
注二：原信在此句后附有下句：公子归来燕燕忙。

三九

新枚：

我下乡劳动，已两星期，今日结束，后天返上海，休息三天，十七日再来。

再来非劳动，是为了备战，移到乡下来搞斗批改。每月放假四天，可回上海家中休息。看来，至少要三个月。我的问题，大约要在乡下解决了。还有十个人未解放，看来都要在乡下解决。

我倒觉得此种生活很好。每月回家四天，劳逸结合。战事如何，不得而知。母不肯到南沈浜雪姑母[注]家去，在上海“听天由命”。阿姐也已下乡，母与英娥管三个孩子，倒也很好。

我后天回家后，再写长信给你。

我身体很好，劳动是采棉花，并不吃力。饮食还算好，我自带酱瓜乳腐〔腐乳〕。

恺

〔1969年11月〕十一日夜床中书

〔上海，港口曹行公社〕

从此地回家，费一小时十余分。

在襄阳公园乘廿六路（七分），到徐家汇；换五十六路，一角就到港口；换龙吴路汽车，一角，即到曹家港；不很远也。

阿姐在奉贤，要远得多。不知何日返家。

暮去朝来颜色故

日暮酒醒人已远

红楼暮雨梦南朝

笙歌日暮能留客

朝如青丝暮成雪

暮

商女经过江欲暮

注：雪姑母，丰子恺之妹丰雪珍（1902—1983）。南深浜（亦作南沈浜）在浙江省桐乡市石门镇乡下。

四〇

新枚：

我大昨（十三）从乡回家，劳动已结束，假三天，十七再到乡下，是“较长时期”留乡搞斗批改，每月假四天。这办法也好。乡间安全，稻草床很舒服，睡眠九小时，只是吃对我不大相宜，大都是肉。我幸而自带酱瓜乳腐〔腐乳〕，故亦不成问题，每餐吃饭三两。

今天（十五）好毛从娘家来，今宿此间。看她的肚皮，是女孩，我想取名，因男女未定，亦未取出。她一定在联娘家生产，因阿姐已下乡，此间无人照顾，联娘家较便。总之，生产是一定安全的，战事则不可知。上海不大看得出，只见有的地方挖防空洞，但这是聊以自慰而已。母不肯到南沈浜，准备同三孩在此冒险，我也听她。我在乡下，倒很安全。

本定十月底定性定案，十一月下乡，后来号召“清队复查，进一步深挖阶级敌人”。于是，早解放的十余人进行复查，我们未解放的十二人就冻结了。十二人现已变成十一人，因一人（庞××，女）已跳楼自杀。形势变化不测，我现在已置之度外，听其自然。总之，服从组织，听命而已。我想，总有一天搞好斗批改的。秋天到石家庄，早成泡影，明春是否能实现，也是问题。

看好毛的肚皮，也许是女孩。我取名未定。今天我吃蟹。小明不上托儿所，我在此自得其乐。明天星期〔天〕，后天上午十时到乡，过廿六天，再回家四天。其间阿姐也可回来四天。宝姐常来看母。好毛说，天津可以放她走，但石家庄是否有单位收容她，不得而知，因此你俩不能团圆。此事你考虑一下，最好把好毛调到石家庄。

在乡寄你信想〔能〕收到。我想出了：“白帝城高急暮砧。”大概你也想出了。

今天菊文周岁，母做寿桃，华瞻夫妇今下午来，宿此间（好毛宿三楼小房，华瞻夫妇菊文宿三楼大房）。明天闹热一天，后天东分西散。

想说的多，拿了笔又写不出，算了。

父字

〔1969年11月〕十五日下午〔上海〕

四一

新枚：

久不给你信了。我“较长时期”留在乡下，已十天，再过二周，可回家四天。我眠食都好，身体健康。

“加快斗批改步伐”，元旦前要全部定案，前天定了三人：王个簃[注一]、来楚生[注二]（肺病，在家，不下乡）解放，陆××戴地主帽，监督劳动。还有七个人未定案，快了。

母健康，眼也好起来，能写信。姐亦下乡，每月四天返家。我同她如参商二星。

“生于患难，死于安乐”[13]，信然。大家都健康。我本来每餐吃二两，现在要吃三两。

此间离沪不远，一小时余可到，车费二角七分。

如果炸弹来，此间很安全。母不肯到南沈浜雪姑母家去，留在上海冒险，只得听她。

天晴好，从来不下雨。只是三秋毕后返上海在家时，下了一天雨。乡下下雨很讨厌，天晴甚好。看来不会久留。我无其他愿望，唯有“求我所大欲”＝退休家居。大约不久可实现。

石家庄之行，今秋不行，明春又靠不住，明秋一定成功。好毛在联娘家。因为在我家，夜半生产时无人送院，那边联娘与丙姨夫[注三]健，妥当。我回家前，大约已生了。我取了许多名字，叫好毛选择。男的女的都有。楼下的敏华姆妈说，好毛生的是女，如此最好。

乡下的风，叫做“橄榄风”，两头小，中央大，即晨夕小，中午大。“橄榄风”，我对“黄梅雨”，不很妥。唐云对“芭蕉雨”，太文雅，非俗语，乃诗词中语。想不出更好的。

此信躺在床上写，故潦草，你看得清的。

〔1969年11月〕廿七日〔上海，港口〕

全仄诗：

月出断岸口，影照别舸背。

且独与妇饮，颇胜俗客对。

月渐入我席，暝色亦稍退。

岂必在秉烛，此景亦可爱。[14]

同韵对：

屋北鹿独宿，溪西鸡齐啼。

理发店联：

频来尽是弹冠客（弹冠相庆）

此去应无搔首人（搔首问青天）

此间宣布：元旦前定性定案，春节前整党，明年五月十六（四足年）完全结束。

注一：王个簃（1897—1988），江苏省海门人。吴昌硕入室弟子。曾任上海画院副院长、西泠印社副社长等职，上海文史馆馆员。

注二：来楚生（1903—1975），浙江萧山人，当时为上海中国画院画师，上海文史馆馆员。

注三：丙姨夫（1901—1985），即沈雨苍，小名炳生，新枚之姨夫兼岳父。

四二

我受照顾，不下乡（约一个月），在画院上班，共七人，皆七十以上者。比到博物馆好得多。阳历年底，大约可以告段落。

市革委很照顾我，不登大报，不下乡，皆由此云。明春我也许可到石家庄来，阿姊十五日可从乡回上海。

〔1969年11月〕

四三

新枚：

我五日返家，休息三天，但我患重伤风，故已去信续假三天，须于十二日下乡。

宣布：二十日至年底之间，全部定案。届时我再函告你。总之，结束近了。

你来信，地址一点不错，而邮局退回，不知何故。今我已见到。你以后来信，勿写“……先生”二字，直书姓名可也。好毛已出院，住联娘家，伤口未合，不能起身。

但此非病，乃自然之事，不久即好全。

我患重伤风，夜间梦话甚多，惊动全室，大家劝我好好就医。故此次返家，乐得延长几天。其实，梦话是我习惯，不足为奇的。

元旦左右，必再度放假，那时再写信给你。

你说把孩子送南沈浜，你以为母到南沈浜去了么？她不肯去，仍住在此，我认为不去也好。炸弹不一定丢在她头上。

恺

〔1969年12月〕七日晨〔上海〕

四四

新枚：

我二十日（星六）上午由乡返市，要在画院上班（博物馆已取消），约二星期，过元旦后再下乡。本定二十日上午在乡开大会，解决八个人的问题，岂知十九日下午上海发生了大事——文化广场失火——别的单位连夜返市，只剩我们一个单位，大会就作罢了。我看来，我们要在画院的二星期中解决。大都无甚问题，总是要解放的，不过拖延而已。

我身体很好，返家后，又吃补药，母也健康，眼很好，能写信。阿姐元旦前必返家，可与我见面。上次我返家，请假五六天，共住九天，曾到联娘家看好毛及新生儿丰羽。他们都很好。上次已函告你了？

天照顾：下乡后天天晴明，只有一个半天，小雨。我在乡，吃早饭很好，粥、腐乳等。但午餐夕餐都不好，他们都是肉，我全靠自己带酱瓜、腐乳。但每餐二三两饭，并不饿。

唐云对诗词颇有理解，他有一次说“功盖三分国，名成八阵图。江流石不转，遗恨失吞吴”，末句的意思是“诸葛亮应该联吴攻曹操，不应企图吞吴，故吞吴是失策的，是遗恨”。他说老杜诗用字仔细，故对李白粗枝大叶不满，有“重与细论文”之句。

我之所大欲，是退休。据说，大家解放后，才可申请。大约不久了。那时我首先到石家庄。

〔1969年12月〕二十一日上午写〔上海〕

四五

新枚：

此信卅一日上午写。我从乡下回上海，已两星期。一月三日又将下乡。何日再上来，不知（但一定不久）。在沪二星期，每日到画院上班。大家掘防空洞，我当助手，做些轻便劳动。阿姐假五天，今亦在家，与我已两月不见。她二日返乡。家中幸有二老[注一]管三小孩。未来之事，变化多端，我也不在心上，听其自然罢了（但我之所大欲——退休，看来不远了）。

画院昨上午批判唐云……我们还有七人未解放，看来也快了。

好毛奶上生疮，今日阿姐去看她。母亲四四六局[注二]，要在元旦为丰羽做满月。结果请酒作罢，但做了许多寿桃分送亲友。

我身体很好，此次回家，又吃了蜂乳。此药甚佳，我相信它，因此吃了有效。我眠食俱佳，自知保养，勿念。

你提早在十七左右还家，此时我正好从乡入市，可以见面。

小明很乖。她理智很强，与其母分别，早有思想准备，并不留恋。与我分别亦如此。

我记忆力不好。记得以前在某书看到某散曲中数句甚佳，但第一句想不出了:“××××出桐江，柔橹声中过富阳。塔影认钱塘，何处是故人门巷。”

我近常默背古诗十九首，这无名氏作品，实在很好，可谓五言诗之鼻祖。但在今日皆属毒草矣。

オワリ〔完了〕

〔1969年12月31日，上海〕

注一：二老，指丰子恺之妻及家中一年老女工。

注二：四四六局，是丰子恺家乡方言，意即爱复杂化，不肯简化繁文缛节。

四六

新枚:

我三月廿八出院，今日第三天。睡在阳台上，生活同住院时一样，十分当心，因体温还在三十七度二左右也。病假一月，一月后再去门诊续假。但即不续假，照例不会再上班了。公事拖延，是意中事。人们都用种种宽大处理的话安慰我，我姑妄听之，不存幻想。是以心君安泰，指望秋日痊愈，到石家庄看你。

阿姐在乡，小明全托。我很记念小明，正在设法改为“日托”，夜间回家可同阿英妈[注一]睡。华瞻全家在此，虽有时烦乱，闹热也令人开心。江南正是“催花时节”。“小楼一夜听春雨”，正是此时。窗前杨柳初见鹅黄，不知北地春色如何。

小羽很健。前日到医院看我，晚上睡八小时不吵，真“省债”[注二]。但愿你们父母子早日团聚。

我每日吸烟四五支。热未退净，烟味不很好，不会多吸。

我早饭午饭皆在床里吃。夜饭热闹，叫人扶到北室去吃（房间布置大变，我原来卧室，北室，是吃饭间）。

我右腿麻木，行步不便，将来到对面去看推拿。阿姐把所有的书都藏好，只有一部《古文观止》供我消遣，倒也花样繁多。

我记念好毛。此信你便中寄给她，我不另写给她了。

恺

〔1970年〕三月卅日上午于床上〔上海〕

旧时城隍庙对联：

百善孝为先，论心不论事。论事天下无孝子。

万恶淫为首，论事不论心。论心天下无完人。

为恶必灭，若有不灭，祖宗之余德。德尽必灭。

为善必昌，若有不昌，祖宗之余殃。殃尽必昌。

（命定论）

注一：阿英妈，新来的保姆。

注二：省债，丰子恺家乡方言，意即爽脆，不给人家添麻烦。

四七

新枚：

今日是我回家第六天（四月二日），日见好转。唯体温仍在三十七度二左右。

昨上午有二青年来，态度异常客气（母称他们为“好人”）。他们持画院介绍书，来调查抄家情况。我与母将几次抄家情况如实答复。他们记录了，给我看过，然后叫我签字，然后辞去，连称“打扰”，所以母称他们为“好人”。此事不知说明什么？大约调查抄家物资贪污问题，或者是要发还抄家物资？不得而知了。

我回家后仍是终日卧床。近二天，夜饭起身到食室去吃，华瞻夫妇都回来，热闹些。阿姐常在乡，小明全托。……昨夜梦“新丰老翁”[注]，他折臂，我伤腿，颇相似。他对我说：“我是‘新丰’，你是‘老丰’，我们大家活过八十八吧。”我卧床看字帖消遣，难得看书。

恺

〔1970年〕四月二日上午〔上海〕

你“单车载酒游保定”的计划，很可喜。但愿早日实现。

江南春色正好，窗中绿柳才黄半未匀。但遥想北国春光，也必另有好处。

注：新丰老翁，唐诗人白居易《新丰折臂翁》诗中人物。

四八

新枚:

纳兰词甚好，另纸写寄。人言此人是贾宝玉的MODEL〔模特儿〕。我病不增不减，每日在三十七度二左右，医言不久可退，大约春末可愈。公事无消息，传闻不久全部定案。总之，听其拖延，总会解决，不必心焦也。

每日卧床，一似医院，唯夜饭扶起到北室吃，那时华瞻夫妇皆归，家中闹热些。阿姐常在乡，小明全托，每星六由宝姐领去，星一送回，昨来看我，比前老练，体重增加了。我预想：秋间到石家庄，南颖不便同来（要上学），小明也许可以同来，她已近于大小孩了。余后述。

恺

〔1970年〕清明后一日〔4月6日〕晨〔上海〕

四九

新枚:

我病如常。体温常在三十七度一至三十七度四之间，饮食皆在床里。以闲想及看字帖为消遣。前日梅青[注]抱小羽来给我看，很胖，见我便笑，但据说见别的陌生人常要哭。大约血统有感应。

昨朱幼兰之子显因来，言朱被判地主，抄家三四次，被痛打，但昨已解放，依旧上班当职员。近各单位抓紧定案工作，四月底左右必须全部解决，他说我无疑地是“一批二养”。又言前日《文汇报》某文中提及“作协主席巴金，音协主席贺绿汀，美协主席×××”，不提我名，显然分别看待，但不知有何作用。

嵌字之诗句，宜少作。我们是游戏，被人误解为“隐语”，何苦。但我还是不能忘情，有时要搜索“一、二、三……十”开头的诗句，甚多。“一枝秾艳露凝香……十三学得琵琶成。”可集几套。你信上“谢”字第三、第七，我与华瞻皆想不出。

我集两句日本文：

アナタガアタマハハナハダアタタカッタ。（你的头很热了。）

コノオトコノコドモノオトオト，コヨ！（这男孩子的兄弟，来吧！）

只有ア段、才段可能，其他三段不可能成句。

希望秋来能带小羽及小明到石家庄。

恺

〔1970年〕四月十日上午〔上海〕

注：梅青，当时在联阿娘家管丰羽的女青年。

五〇

莲漏正迢迢，凉馆灯挑。画屏秋冷一支箫。真个曲终人不见，月转花梢。

何处暮砧敲，黯黯魂销。断肠诗句可怜宵，欲向枕根寻旧梦，梦也无聊。[15]

（《夜雨秋灯录》所载？）

新枚：

家中平安无事，我病稍见好转，今日三十六度九，但依旧全日卧床，吃粥及面。有时喝威士忌一小杯，香烟日吃七八支耳。阿姐说廿五日返家，住四五日。小羽很健康，勿念。

恺字

〔1970年〕四月十九日下午〔上海〕

小明还是全托，昨（星六）接出来，在此逗留一二小时，由宝姐接去，星一再送托儿所。这托儿所甚好，管得周到，小儿很壮健。

叶浮嫩绿：古有“绿蚁新醅酒”，据说酒上有绿色物浮起，形似蚁。此四字大约指此。

母眼只“四分之一”，听起来可怕，其实不然。眼这东西，只要有一点看见，就可写字。她不是常写信给你么。曹辛汉[注]的眼，就是这样，能写细字。

注：曹辛汉（1892—1973），丰子恺的同乡，一生从教四十余年。

五一

新枚：

Allan Poe[注一]的短篇小说，大都没看头，但其中“Goldbug”〔《金色甲虫》〕一篇中有一个英文字谜，倒很有趣。现在我仿造一个，见下面。你能推算出这是怎样一段文章吗？（恐你难解，略告一点：英文中最多用的是E字。）[注二]

我病如旧，终日卧床，但热度有时稍退。大约再过一二个月，可以见愈。阿姐仍在乡，明日可返家住四五天。小明全托，今天接回来，身体很壮健了。小羽近日伤风。这里的菊文也伤风，是气候关系，不妨。

〔1970年4月〕廿四上午〔上海〕

注一：Allan Poe，即爱伦·坡（1809—1849），美国作家，文艺批评家。

注二：这是一种文字游戏，它利用英文中字母e出现率最高、冠词the出现次数最多的特点，使人一一猜出每个符号所代表的字母，从而猜出整段文字来。

五二

新枚：

昨寄一信（英文字谜）想先收到。寄出后即得你信，复如下：（1）第二个字是“眠”字的，想不出。（2）宝姐十元，等我到石家庄来买物吃。（3）我病假即日去续假，药有一月之粮，热度还在三十七以上，续假无问题。（4）我隔日大便，上一日吃大黄，不用开塞露，效果很好。（5）温度表水银有毒，我知道，决不会咬破。（6）前信只谈窦叔向，未谈刘克庄[注]，你做梦吧？此外由阿姐写。

恺

〔1970年4月〕廿六午〔上海〕

注：窦叔向，中唐诗人；刘克庄，南宋词人。

五三

新枚：

赞美《葬花诗》的信，今日（五月七）收到。此诗模仿张若虚《春江花月夜》。我依旧日夜卧床，三餐也在床上吃。曾喝一次酒，黄酒半斤，晚上几乎呕吐，从此不再喝了。烟每日吸十支左右。可见身体尚未复健。“能几番游？看花又是明年”，确是佳句。上面的“接叶巢莺，平波卷絮，断桥斜日归船”，也引人同感，但以下“东风且伴蔷薇住……”便逊色了。

“天时不如地利，地利不如人和。”你的屋房东好，确是难得。暂不迁居可也。唯你们夫妻分居两地，终非久计。不知何日可以团聚。

母言，灰色布她并不需要，不必寄来。但此信到时，也许你已寄出。我近来已惯于寂寞，回想往事，海阔天空，聊以解闷。窗前柳色青青，反映于玻璃窗中，珊珊可爱。华瞻夫妇早出晚归。小明全托，星六回家。阿姐在乡，不知何日毕业。我右腿麻木，是“坐骨神经痛”。服药与肺病冲突，等肺好后去看推拿。

恺字

〔1970年〕5.7下午〔上海〕

“退一步海阔天空”真乃至理名言。有不如意时，设想更坏的，便可自慰。不满现状而懊恨，徒自苦耳。比方说：我犯重罪，入了囹圄；或者我患癌病，不死不活，此时倘能变成今日的状态，真乃大幸了。如此一想，可以安眠闲梦了。

日本人也有汉诗佳句：“月暗小西湖畔路，夜花深处一灯归。”此似姜白石“芙蓉影暗三更后，卧听邻娃笑语归”。近读《调笑转踏》，中有佳句：“花虽无语莺能语，来道曾逢郎否？”“几番欲奏阳关曲，泪湿春风眼尾长。”“良人少有平戎胆，归路光生弓剑。”[16]

五四

新枚：

久不得信，甚念。此信五·一六发。

今日到结核防治所看病，又给药一月之粮，病假两个月，说两个月后再去看。如此，我可安心休养到七月十六日再去看，那时想来都已好了。宝姐陪我去的。

今日午睡后，联阿娘同小羽来，我画了像（附信内）

留纪念。大家说此孩特别壮大，额部像父，口鼻像母。

我卧此床已一个月半。现在能以足音辨人：母亲空手进来，或抱菊文进来，或送饭进来，都辨得出。

今日医院中挂号的、医生、透视的，都知道我，和我讲许多话，并关怀我，且详知情况。真奇。

此信发后，大约就会收到你信。

恺字

〔1970年〕五月十六下午〔上海〕

五五

新枚：

我病渐愈，好几天降至三十六度八。病假到七月十六日止，秋姐言，共有六个月了。病六个月，即可作“长病假”论，即等于退休了。秋姐又言，我属中央，定案要由北京，故较迟。较迟即较正确，较宽。姑妄听之。我现在且不计较这些，但求安居。今年这春天如此过去，多可喜，亦多可悲。喜者，不须奔走，悲者，寂寞也。华瞻夫妇早出晚归。华瞻言，周谷城由主席指定为全国人代。此间未定案者尚多，但拖延亦不会太久了。

卧床寂寞时，乱翻字典，学得许多词：

ネギ ヒル ニラ カマキリ エズク
葱 蒜 韭 镰切（螳螂）呕吐……

前日寄出小羽画像，想已收到。华瞻家的菊文在此，吵得厉害。幸阳台玻璃门可关，不曾使我受累……记得南颖、小明等小时，并不如此，你小时亦不然。但望小羽也不然。

记得古人有全仄诗："月出断岸口，影照别舸背。且独与妇饮，颇胜俗客对。月渐入我席，暝色亦稍退。岂必在秉烛，此景亦可爱。"[17]我想到陶渊明"但恨在世时，饮酒不得足。"其中唯"时"字平声，余皆仄声，但读之很自然。可见平仄是一种羁绊，律诗以下都欠自然也。

我上次吃了半斤黄酒，以致エズク〔呕吐〕之后，不再吃酒。想吃酒，才真病好了。烟日吃十支左右。有轻微肺气肿，禁烟。但不能自制，且图快适。

华瞻有日文信给你，你无复，他在盼望。

恺 字

〔1970年〕五月廿三晨〔上海〕

五六

新枚：

谈《红楼梦》的信今收到。你修养功夫真好，已心理准备我今秋不到石家庄，我实比你热心，只要可能，我总想今秋到石家庄。且照我预感，一定可实现，万一不能，我要叫你同好毛请事假来沪，扣工资由我出钱。我近日病状渐好。饮食很丰富，休息两月后，定有起色。在床中无聊，常翻日本词典。也想看《红楼》，又怕赔眼泪。

恺字

〔1970年，约5月〕廿五夜〔上海〕

ヒシ シラミ スケベエ
菱 虱 助兵衛（登徒子）

五七

我体温日退，渐见好转，勿念。

来信所推荐中药方，异日去看沈医生时请他品定，暂勿服。

你记念我烟酒事，我现已极力减烟，酒则绝对不喝。

阿姐前日上来，假五天再下乡。

口字加两笔，共有三十个字，你想想看。

恺

〔1970年〕五月卅一日〔上海〕

今日小羽来，他的头比菊文大，他叫你叫“恩狗”，岂模仿中学生叫老师叫姓名乎？

蒜（ヒル）=大蒜（ニンニク） 杏仁（アンニン）（与石门白同）

五八

想到就写些，有便寄给你。

我生病，是因祸得福。天天吃鸡汤牛奶，以及好菜蔬（鸡、鱼、蛋、火腿、干贝）。如果不生病，决不会吃这些。酒不喝，省的钱正好买菜蔬。

华瞻今天下乡了，三星期回来。阿姐来了五天，今晨又去了。现在只有一个志蓉是壮丁。她六点多回来，总是买许多食物来。南颖也会替我买物，只是自得其乐，有时只管玩耍，饭也不吃。阿施[注一]每日上午来半天。

Red Chamber〔《红楼梦》〕，很可解闷。我桌上的PAS及雷米丰，倘能送给黛玉吃了，曹雪芹这部书的结尾就要改换面目。

阿姐等猜量，六月内或七月初，会解放我。我不急，迟早总要定案。上月去看病，挂号的、看病的、透视的，都知道我，和我谈了许多看病以外的话，很好笑的。尤其是那挂号的，知道我很详细，并替我打算今后生活。

阿英妈很好[注二]，此人识字，会烧菜，比英娥烧得好。她对我家也十分满意，她说有两件好处：一是她独自占一房间（三楼小间），二是洋机可以任她使用。她有一天对母说：她到老当家（即她以前的主人）家去，他们都知道我的姓名，连他家来的客人也都知道我，真奇怪。

三楼有一册《世界文艺辞典·东洋篇》（日文），内有我的传记，写得很正确，连母的姓名也载在内。现此书华瞻拿去看了，日后寄给你看。

口字加二笔，共有三十三个字，非止三十字，你想得出否？

我回想过去，颇觉奇怪。二月二日早晨，我病明明是全身抽筋，是神经痛发作。为什么你和阿姐、好毛会带我去看肺病，而且果然验出严重的肺病来。秋姐很难得来，当天晚上会来苦劝我住院。凡此种种，好像都有鬼神指使的，可谓奇迹。

赖有上述奇迹，使我摆脱了奔走上班之劳。假定不病，即使解放了，到现在还要奔走（贺天健是其例）。到七月十六止，我已病半年，半年即为“长病假”，永不再上班了。近日，猜想画院的人也下乡“三夏”了，我倘不病，也要参加。

近每日早上五时半起来，大便后即坐在窗口洗面、吃粥、临帖。直到八时，吃了药，睡觉。睡到九时半起来吃牛奶，在床上看书写信，直到正午，在床上吃午饭、睡觉，三时起来，再看书休息，六时吃粥，黄昏闲谈，八时半就寝，旧梦甚多。——每天刻板似的，预感七月会好全，腿病亦渐愈，能独自步行，但不能持久，日后一定痊愈。

小羽的照片很好，附给你，另一寄好毛。

〔1970年6月〕四日写〔上海〕

トカゲ
蜥蜴（此物常在门背后，故曰トカゲ）

ソコバク　オギナ　アザム　アガナ　ムサボ
若干　補フ　欺ク　贖フ　貪ル

ブランコ　　　　オウジョウ
鞦韆（秋千）往生（缢死）

旧信看后毁弃，不可保留。

注一：阿施，家中的钟点女佣。

注二：阿英妈，新来的女工，初到时很好。

五九

听人说：（近事）某家三岁孩，住楼上，将搓板（洗衣用的）一块从楼窗中推下，正好落在楼下人家三岁小孩头上，死了。楼下主人上楼将楼上三岁小孩打死。——此事法律如何裁判？汉高祖约法三章“杀人者死，伤人及盗抵罪”实太简单，对此案即难应付。我想，楼上主人应有罪（任孩推板下窗），楼下主人则系“故杀”，罪较大，但“一命抵一命”，亦有其理由，甚难判决也。

排律联句，很有趣味，但须富有诗才。例如第一人“垂柳复金堤”，第二人“靡芜叶复齐（承上）。水溢芙蓉沼（启下）”，第三人“花飞芍药溪。采桑秦氏女”，第四人“织锦窦家妻。关山别荡子”，第五人“风月守空闺。恒敛千金笑”，第六人“长随玉筋啼。盘龙随镜隐”，第七人“彩凤逐帏低”……[18]《红楼梦》中那些小姑娘都会联句。

个个是曹雪芹也。

记得宋时有“元祐党人”案，苏东坡、秦少游、黄庭坚等都被定为“奸党”，雇工人刻“奸党碑”，工人不肯。我记不清楚是怎么一回事。

〔1970年6月10日左右，上海〕

六〇

想到就写：

前日宝姐替我送痰去验，回说“活动性”，即“开放性”，要传染的。于是家人大家去打预防针。结果小明抵抗力最强，其余都有传染可能，须打针。我本已没有参与人群的资格，如今又属开放性，更是“隔断红尘”了。近日体温照旧在三十七左右，不想喝酒，看来还得二三个月方可下床。阿姐当年患此病，原是半年多才下床的，何况她年轻。但我身体其他部分皆健好，常吃鸡汤，胃口不坏。大便恢复正常，每晨一次。你劝我吃盐汤，我没有吃，因日食大黄，不须再〔食〕盐汤了。苹果也难得吃，一则货少，二则我不爱吃，香蕉天天吃。

华瞻下乡了，再过一周上来，担任招考事，可以不再下乡了。阿姐变成“积极分子”。前天开会上来，住了三天。小明天天回家。明天又下乡了，再过十余天，又有例假四五天了。

早上起坐，写碑帖约一小时。想起，你对此道缺乏练习，所以现在写的字不好看，不及华瞻、阿姐（阿姐远不如华瞻）。以后有空，练练毛笔字看：临帖，先临楷书，王右军、柳公权都好。次临北魏碑、章草。见面时再教给你。

阿英妈去领工资，听说画院的人都下乡“三夏”了。那八十八岁的朱姓[注一]的也去，我很同情他。去冬他被上（因屋漏）落了许多雪，我睡的地方好些，枕边略有些雪。

我足疾好些，大便可以自己去，扶墙摸壁。这是神经痛。二月二日病发时，原是此病，不知你们为何拖我去看肺病，现在回想很奇怪。

好毛神经衰弱，失眠，我看都是想念夫、子之故，安得早日定局，让你们团聚了。联娘说，超英的案子，月内可望解决。邵远贞前日来沪，拟等超出来后，带二孩北归，联巴不得如此，因阿霜不能入学，在家很吵[注二]。

口字加两笔，共有三十八个字。长的、扁的都可（例如“目”“四”）。

蚌（ハマグリ）　蜗牛（カタツムリ）蚯蚓（ミミズ）損（ソコ）ナウ（四）養（ヤシナ）ウ（四）鉛（ナマリ）

我不想吃酒，足见体温未复正常。本来可以“掩重门浅醉闲眠”，今只能“冥想闲眠”。冥想常入非非，有时回想过去，有许多事深悔做错了，但无法更正。此亦可以勉励今后，勿再做后悔之事。例如说，当年我花了七八千元（合今三万余）造缘缘堂，实在多事。还有，解放前夕，我顶进闸北汉兴里房子（十三根小金条），不久以十根小金条顶出，也是多事。但五四年顶进这屋（出六千元），并不后悔。现在只差煤气在楼下，不方便，倘能把煤气改装在楼上，十全了。朱幼兰正替我设法。但我也并不十分盼望，因为以后住处未定。要看人事而定。

王介甫势盛时，有人（东坡？）作诗：“乱条犹未变初黄，欹得东风势便狂。[19]解把飞花蒙日月，不知天地有清霜。”讽得甚好。后来王罢相，微行返乡，暮宿一农家，有老妪呼猪：“王安石！王安石！”盖其人家破人亡，皆害在王手里。恨极，以其名呼猪。

母眼还好，能缝纫，杭州寄来丸药，颇有效云。

再过三天，叫阿英妈去取药。再过一个月，七月十六，再去看病。算来已费了国家好几百元的医药费，这不可不感谢毛主席，祝他万寿无疆。

在重庆时，马一浮先生送我一诗："红是樱桃绿是蕉，画中景物未全凋。清和四月巴山路，定有行人忆六桥。"他回杭时住六桥蒋庄。可惜迟死了一二年，被逐出，到城中促居。在文革前死了，落得干净。

平生记得，关于吃酒，有两人最有趣：其一，你出世前一二年，抗战初，我家逃难到桐庐乡下，租屋而住，邻人盛宝函老人坐在一圆凳上，见我来了，揭开凳盖，取出热酒（用棉花裹好，常温）及花生，与我对酌；其二，西湖上（你八九岁时）有人钓虾，钓得三四只，拿到岳坟小酒店中，放在烫酒炉中煮熟了，讨些酱油，叫两碗酒，吃得津津有味。

居杭州时（你八九岁）客堂中挂一小联，用东坡句："酒贱常愁客少，月明都被云妨。"[20]那时每月到楼外楼"家宴"，必请一外客，郑晓沧[注三]、苏步青[注四]、易昭雪[注五]等。楼外楼老板要我写额，我写古人句"湖光都欲上楼来"。此额解放后仍保存，但把老板之名割去，现在一定废弃了，作者、写者都是放毒呀。

岁晚命运恶，病肺又病足。日方卧病榻，食面或食粥。

切勿诉苦闷，寂寞便是福（全仄）。

〔1970年6月约16日，上海〕

注一：朱姓，指朱屺瞻（1892—1996），江苏太仓人。八岁起临摹古画，中年时两次东渡日本学习油画，50年代后主攻中国画。历任上海艺术专科学校教授等职。

注二：超英，联阿娘之子沈超英，生于1929年，退休前任国家农机部高级工程师（离休干部），“文革”中亦蒙不白之冤。邵远征（非贞）为其妻，阿霜为其子。

注三：郑晓沧（1892—1979），丰子恺浙江省立第一师范学校的同学，教育学家，曾任中央大学教育学院院长等职。

注四：苏步青（1902—2003），数学家，曾任浙江大学数学系主任、复旦大学校长等职，丰子恺之好友。

注五：易昭雪，牙医，丰子恺1947年所作的《口中剿匪记》中曾提及。

六一

随记随寄

△自来咏柳絮多悲伤，独薛宝钗乐观：“白玉堂前春解舞，东风卷得均匀，蜂团蝶阵乱纷纷。几曾随逝水，岂必委芳尘？万缕千丝终不改，任他随聚随分，韶华休笑本无根。好风凭借力，送我上青云。”

△“一夜潇潇雨，高楼怯晓寒，桃花零落否，呼婢卷

帘看。”“红艳几枝斜[21]，春深道韫家，枝枝都看遍，原少并头花。”前者厚，后者薄。时代精神表现。

△传说：东坡脸长，小妹讥之曰：“去年一滴相思泪，今日才流到嘴边。”小妹额凸，东坡还讥之曰：“未出房前三步路，额头已到画堂前。”……

……

△忆昔曾见一词，不知谁作：“忆昔来时双髻小，如今云鬓堆鸦，绿窗冉冉度年华，秋波娇殢酒，春笋惯分茶。居士近来心绪懒，不堪倦眼看花[22]，画堂明月隔天涯。春风吹柳絮，知是落谁家。”大约是将嫁其婢。

△上次所记近日杀孩事故，昨据宝姐传述，更为详细：楼上三岁孩将凳子从楼窗中推下，打死楼下三岁孩子，楼下母要杀楼上孩子，楼上父母哀求：将来你再生一孩，一切费用归我们负担，直到三岁为止。楼下母不允，必欲杀孩。楼上父母将孩送托儿所，全托，并叮嘱托儿所阿姨：非亲母来勿让别人领去。楼下母冒充亲母去领出来，将己孩之骨灰放在地上，叫此孩绕骨灰爬三匝，然后将孩打死。托儿所阿姨因此自杀。——这事故竟像奇离的故事。

△今（六月十八）画院老孙来，要填表格（是普通履

历籍贯等)，不知何意。据说，画院“三夏”下乡已于前日上来，七十以上的几人不去，这显然是托我的福，防恐再有人病倒。

△“淡妆多态[23]，更的的、频回眄睐……”“销减芳容，端的为郎烦恼……”此二词过分风流旖旎，读之令人肉麻。

△联娘说：好毛想把小羽接到天津，我很赞善。本单位有托儿所，甚好。好毛勿会管，也应练习练习。我相信托儿所生活好，虽生活趣味枯燥（睡起有定时，饮食有定量)，但对身体健康有益，小明便是一证例。她近来全托（星六由宝姐接去过两夜)，身体胖健，前日因我肺病要传染，大家去打针，结果小明抵抗力最强。

〔1970年6月18日，上海〕

六二

随记随寄（勿当众拆看，无人时或回家后看，▲待复)

△西园公子名无忌，南国佳人字莫愁。

此日六军同驻马，当时七夕笑牵牛。巧对

△莲漏三更烛半条，杏花微雨湿鲛绡，便无离恨也

魂销。[24]

春色已看浓似酒，归期安得信如潮，离魂入夜倩谁招？

（不知何人所作。）（两离字不快。）

△兎(ウサギ)よ兎！御前(オマエ)の耳(ミミ)は何故如此(ナゼソンナ)に長(ナガ)い、枇杷(ビワ)の葉(ハ)を食(タ)べてそれで耳(ミミ)が長(ナガ)い。[注一]（日本童谣）

△酌一卮，须教玉笛吹……繁红一夜经风雨，是空枝。

△春日游，杏花吹满头。陌上谁家年少、足风流，妾拟将身嫁与，一生休。纵被无情误[25]、不能羞。

胡桃反古(クルミホグ)（废纸）御玉杓子(オタマジャクシ)（蝌蚪）

△无事此静坐，一日抵两日，便活八十五，可作一百七[26]。（东坡）（除第一字外，皆仄声）

△滑稽谈："板侧尿流急，坑深粪落迟。有盛唐音。"因想起纽约的摩天楼（skyscraper）一百几十层上的抽水马桶，真如"粪落迟"也。

△绿窗明月在，青史古人空。——黛玉房中联，好。

△箧有吴笺三百个，拟将细事说春愁。[27]

只恐双溪蚱蜢舟，载不动许多愁。——用巧妙的方法来形容春愁之多。

△汉第五伦（复姓"第五"）言：兄子病重，一夜起身

往视两次，归来照旧熟睡；自己之子病重，一夜并不起身去看，但终夜不能入睡。

△宝玉，大体是个Platonic love〔精神恋爱〕（日译为“纯洁的恋爱”）者，书中叙述肉体关系极少，主要是欣赏女性品貌，日本《源氏物语》中那个主角“源氏”同他相反（但并无猥亵的描写，不过专讲源氏奸情耳）。《源氏物语》其实不足取。只因一则是千年前（一〇〇六）的书，是世界最早的长篇小说，二则文字古雅似《论语》《檀弓》，故为日本人崇奉为宝典。我于文革前译完。

△谈王安石、商鞅之信，今（廿五）收到，已转告你丈人：你同意将小羽迁津。又转告宝姐长信收到。华瞻昨夜冒雨自杭归，说满娘健康，但小华吵得不成样子，满娘为了他，不能到上海。你此次信壳上之字，很好！好像不是你写的。

△你信上说“牵起八只脚”，此石门白不通，应是“牵起八搭”[注二]“悬空八只脚”。

△昔游江西，于南昌见一亭，联曰：“枫叶荻花秋瑟瑟，闲云潭影日悠悠。”皆本地风光，好极。

△曼殊言“思君令人老”，译作“To think of you makes

me old”，乃天造地设。我想，此种诗句并不少。“谁能为此曲”，“Who can sing this song？”“人闲桂花落，夜静春山空”等，皆便于英译。

……

▲我病日趋好转，体温难得几天三十六度六，可见渐渐降低。腿上风痛亦渐愈，能扶墙摸壁自上厕所。终日卧床，颇感寂寞（此乃好转之兆），全靠看书，*Red Chamber*〔《红楼梦》〕今看完。正在找*All Men Are Brothers*〔《水浒传》〕，尚无着，你有否？满娘也想要看，托华瞻借。

△华瞻从杭来，言郑晓沧先生最近解放，定为“历史反革命”[注三]云。他不是“重点”，故较早。上海几个“重点”（我是其一）皆未定，阿姐言不久可定，听之。

△我写给你的，恐有重复？盖有时想想，有时写写，以写为想，以想为写，所谓想入非非也。

……

△记得“水浒”结尾一诗，末二句是“夜寒薄醉摇柔翰，语不惊人也便休。”很好。

△某古人《浣溪沙》末句“当时只道是寻常”。我仿制一曲：“春去秋来岁月忙，白云苍狗总难忘，追思往事惜

流光。楼下群童开电视，楼头亲友打麻将（从俗音），当时只道是寻常。”你读之当有切身感。

△刚才（六月二十七日下午三时）联娘来，谈及小羽，言近日发烧，三十八度，又讨论迁津事，联娘表示困难，说到天津后送托儿所，但晚上总要好毛管，她吃不消。她平日七时半上班，总要七点十分才肯起身，怎么送小羽入托儿所呢？况且晚上还要吵。又说天津有一个某人，是寡妇，可托她管。此法或可考虑。总之，一个“难”字。我起初主张送津，至此没得话说，你看如何？

〔1970年〕六月廿八晨封〔上海〕

△有士人为人看文章，跌伤手骨，又患眼疾，作“四书”缩脚句诗云：“抛却刑于寡（妻），来看未丧斯（文），既折援之以（手），又伤请问其（目），且过子游子（夏），弃甲曳兵而（走）。”妙在押韵。

注一：日文，意即：兔子啊兔子，你的耳朵为什么这样长，吃了枇杷的叶子，所以耳朵长了。

注二：“牵起八搭”，丰子恺家乡土话，意即：多动，多事。

注三：当然是“文革”中的诬陷不实之词。

六三

与宝姐书昨看过，你那三首诗亦自有致，但比我的晦涩，不易详出，但都详出了。我近又作四首，附此信内。

信中所述ロマンス〔浪漫故事〕，颇罕有，女的怀孕，将来如何嫁人呢？每月十元，终非办法。

胡治均[注一]借与我《水浒》《儒林外史》。《水浒》已看完，转寄满娘。现正看《儒林》，不及前者有趣。听说你有《二十年目睹之怪现状》？如有，将来寄给我看，须挂号。好毛要到石，甚好。调工作地点事，能进行否？念念。你会配钥匙，倒也希奇。

南颖近热心于游泳，华瞻编英语教科书，免下乡。宝姐编法文字典，亦免下乡。志蓉前日起宿校中，搞“三反一镇”运动，听说约需三星期。

到处树上洒药水杀虫，蝉亦受毒，叫声异常，“吱——吱——”，不似本来的“知了——知了——”。

阿姐下星期六返家，听说即将毕业[注二]派工作。大都派去“战高温”，即入工厂。但她是编外，恐轮不着。

小明还是“全托”，每星六到此二三小时，即由宝姐领去度星期日。她们也游泳。此孩爱活动，全托并不依恋家庭[注三]。我倒可怜她，恐系多事。小羽发烧已好全。

〔1970年7月3日，上海〕

注一：胡治均（1921—2007），丰子恺私淑弟子。

注二：指“五七干校”毕业。

注三：其实送去时常哭，但瞒着外公。

六四

随记随寄　▲待复

……

△有塾师批阅文章，批语：“两个黄鹂鸣翠柳，一行白鹭上青天。”意思是：不知说些什么，愈说愈远了。一学生乱用“而”字，批曰：“当而而不而，而不当而而而。”

△“忆昔见时都不语，如今偷悔更生疏。”[28]——不知哪里来的两句。

△《牡丹亭 · 游园》中句：“原来姹紫嫣红开遍，似这般都付与断井颓垣，如花美眷，似水流年。良辰美景奈何天，赏心乐事谁家院……烟波画船，雨丝风片[29]，锦屏人忒看得这韶光贱……兰汤新浴罢[30]，晚妆残，深院黄昏懒

去眠。”此种文章，真可谓“文人珠玉”。

△“当路游丝萦醉客，隔花啼鸟唤行人。日斜归去奈何春。”欧阳修？

△有士人作诗：“舍弟江南殁，家兄塞北亡。”见者曰：“君家惨祸，一至于此！”曰：“否，取其对仗工整耳。”曰：“何不曰，爱妾眠僧舍，娇妻宿道房？犹得保全骨肉。”

タンポポ　ジョウゴ　ヌス
蒲公英 上户（漏斗）盗ム

……

△粤妓张八作《重头菩萨蛮》：“今宵屋挂前宵月，前年镜入今年发[31]，芳心不共芳时歇。草色洞庭南，送君花满潭，别花君岂堪。绮窗临水岸，有鸟当窗唤，水上春帆乱。游蝶化行衣，行人游未归，蓬飞魂更飞。”

蜂交则黄落，蝶交则粉落。故曰“蜂黄蝶粉同零落”，言春暮也。“游蝶化行衣”本此。

△无事，做谜给儿童猜。写二三个在下给你猜。

○一个姑娘大肚子，头上两个小辫子，一天到晚在马路上兜圈子。打一物。

○一百个囫囵共一床，一个一个拖出来打。打一物。

○一个毛虫真稀奇，天天爬到嘴巴里。打一物。

△今（七 · 四）画院老孙送来照片数册（未全）及毛笔许多，是从前抄去的，今天还我，不知何意。

△阿姐今上午回家，收了照片，小明的大多数无恙。

▲华瞻几次提起，给你日文信，希望你改，你至今不复。你复他吧。

△不喜秦淮水，生憎江上船。载儿夫婿去，经岁又经年。 莫作江上舟，莫作江上月。舟载人别离，月照人离别。 嫁得瞿塘贾，朝朝误妾期，早知潮有信，嫁与弄潮儿。 春日游，杏花吹满头。陌上谁家年少、足风流。妾拟将身嫁与，一生休，纵被无情误[32]、不能羞。

此种诗词有一共通点：不喜、莫作、嫁与，皆斩钉截铁之语。

〔1970年7月4日，上海〕

六五

随记随寄

△江南二月花抬价，有多少游童陌上，春衫细马。十里香车红袖小，宛转翠眉似画。浑不管旁人觑咱。忽见柳

花飞舞，念海棠春老谁能嫁？泪暗湿、零罗帕。[33]

郑板桥作？

△自是桃花贪结子，错教人恨五更风。

不知谁作。

△白玉堂前春解舞，东风卷得均匀，蜂团蝶阵乱纷纷。几曾随逝水，岂必委芳尘？（万缕千丝终不改，任他随聚随分。）莫是雪花飞六出，定教五谷丰登，韶华休笑本无根。好风凭借力，送我上青云。

薛宝钗咏柳絮词，我替她改两句如上。

△今天（七·七）小羽来，对我笑，但我没有抱他，恐传染。联阿娘言，净重十九斤（菊文一岁半，只廿二斤）。

△翠翠红红处处莺莺燕燕。

风风雨雨年年暮暮朝朝。此双字对甚好，唯“翠翠”稍生。

△（七·九）宝姐言，人事已开冻，叫你与好毛乘早申请调拢。宝已有信与你及好毛。

△病状稳定，体温仍在三十七度至三十七度四之间，胃口还好。十六日再去诊治，大约国庆前可痊愈。牛皮官司也可打完。

△晨四时半起身，七时前写字，七时起即卧床休息。生活如刻板。下午睡起，为小明画故事画（狼来了之类）。作《〈红楼梦〉百咏》，有得消遣。

〔1970年7月7—9日，上海〕

六六

新枚：

你那里的レストラン〔餐馆〕，使我憧(アコガ)レル〔憧憬〕，有座头可选择，有酒有饭，才有意思。这里的大都要排队买票，合桌饮食，少有趣味也。

今日七月十六。上午宝姐陪我去看病，稍好些，病假三个月（十月十六止），十月十六再去看病。中间只要阿英妈去领药。

我希望到石家庄，上那レストラン喝酒。看来今秋不行，明春一定行。今秋我想叫你和好毛来探亲，费用算我。

这两种药，看来要常吃了。价值甚昂，现我一文不花。感谢共产党，祝毛主席万寿无疆。

作了几首《〈红楼梦〉百咏》。

温柔乡里作神仙，唇上胭脂味最鲜。
不与颦儿同隐迹，坚贞还让柳湘莲。

多愁多病更多心，欲说还休欲语颦。
绝代佳人憎命薄，千秋争说葬花人。

芬芳人似冷香丸，举止端详气宇宽。
恩爱夫妻终不到，枉叫金玉配良缘。

满眼儿孙奉太君，大观园里乐天伦。
何当早赴西方去，家破人亡两不闻。

尽忠救主立功劳，小卒无名本姓焦，
马溺代茶终不忘，黄汤灌饱发牢骚。

揽权倚势爱黄金，笑里藏刀毒害人，
不信侯门深闺女，贪赃枉法杀良民。

尘世何来槛外人，天生丽质在空门。

早知纯洁终难保，悔不当年学智能。

不宠无惊一老刘，何妨食量大如牛。
朱门舞歇歌休后，娇小遗孤赖我收。

猩红巾子定终身，往事依稀感慨深，
记否良宵花解语，山盟海誓付烟云。

禁门深锁绮罗人，暂释还家号“省亲”。
一自捉将宫里去，从兹骨肉两离分。

三尺红绫一命休，贞魂还倩可卿收。
青鸾有意随王母，空费人间一计谋。

满园春色不关门，木石心肠也动情。
谁道我辈干净物，近来也想配婚姻。

待续。

〔1970年7月16日，上海〕

六七

多日不通信，此间无大事，我病渐愈，能独自步行，饮食睡眠皆佳。小羽健好，昨日来，要祖母抱，对我笑，其貌大部似母，额似父。阿姐昨日返家，住四日，闻不久毕业。国庆前必有定局。秋姐输血给国家，得十七元报酬，休假三日。邵远贞已去（阿霜带去，他不肯去，联娘难过），听说曾在天津逗留，好毛多少赔贴些。志蓉姐校中搞“三反一镇”，要住宿校中（约三星期），前日因病返家，休五天。因此近日甚闹热。

文彦[注]久不来，昨忽到，言校忙，故久不返沪。

前日画院来两人（杨正新、王其元），小坐三四分钟即去，言无事，来看看我病。我对他们只说病状，此外无话，不知他们是何用意耳。《水浒》已看完，《儒林外史》看了一半，不好看，停止了，想看《镜花缘》。

小明昨随南颖去游泳，此孩壮健而聪明可爱，阿姐终身安悦。……先姐家改造房子，暂迁居在棚屋内过夏，来信诉苦。她很少来，我出院后，只来一次，宝姐每逢星期三、六必到，同小明去她家宿，因朝婴星四例假，她星日例假也。民望哥为演出，不下乡，宝从事法文词典编辑，亦不下乡云。此间保姆除阿英妈全工外，阿施来半工，每日上午到，你母得稍逸。华瞻哥家菊文极吵……什么东西都要拿……凡他所搭得到的地方，不放东西。亦受累也。

我要十月十六再去看病，此后即长病假矣。

〔1970年7月21日，上海〕

注：文彦，指潘文彦，专长物理学，爱好文艺，曾师事丰子恺。罗芬芬为其妻，儿子宜冰是丰子恺取的名。

六八

此间岑寂无事。我健康增进。阿姐返家四五天，昨又下乡去。再过二周又来。因上次她“留守”（日本解作出门，与我们相反），所以下次早回来，赛过午饭限到三点钟吃[注]，离夜饭就近了。看来她不久可派工作，但不知派在何处耳。

对句“惟将终夜常开眼，报答生平未展眉”，确是良佳。此处本可不对，他却要对，而且对得良佳。大概对句都生硬造作，好比无端地拿出两样东西来并列，真乏味。“香稻啄余……"是其例，"大帝君臣同骨肉，小乔夫婿是英雄"（周瑜墓联），"诗人老去莺莺在，公子归来燕燕忙"，"西园公子名无忌，南国佳人字莫愁"，是佳联，然亦是"为对而对"。

儿时旧曲中有两句："纵教（红梅）开在群卉上，可怜憔悴霜雪中"，还有点联系，但对不工耳。"惟将终夜……"二句，实在是一句，犹之"以直（一联）报怨（一联）"（一句），故佳。

文彦久不见，前日忽至，言校已上课，且运动忙，故难得返沪。

今年桃子大年，我们天天吃，大都很好。西瓜却不多，要排队买，但也吃了不少。荔枝颇多，价亦不贵。

我每日五时起身，在此写读，到七半止，上下午皆睡二三小时，生活有规律。烟日吃半包，不能再少了。酒绝不吃。到想吃酒时，病痊愈了。

〔1970年7月〕廿二晨〔上海〕

前咏宝玉一首作废，今另改如别纸。彼时推重柳湘莲，今知其不可，柳实可诛。

注：赛过午饭限到三点钟吃，意即：好比午饭延迟到三点钟吃。

六九

新枚如见:

你自制色拉下葡萄酒，可谓自得其乐。将来我到石，下酒不愁无菜了。你考证《史记》与《列国志》，亦无聊消遣之一。那部《二十五史》，昨华瞻到联娘家，取来四册，另一册（包括《史》《汉》）被张心逸[注一]借去，前写信叫咬坤[注二]去讨，无回音，日内还要去信催索。此《二十五史》是很好的，五册包括一切，乃当年开明书店一大成绩，普通道林纸本有九册，我的圣经纸本，只五册，更可贵也。

近看《水浒》（胡治均借给，他最近常来），《〈红楼梦〉百咏》停止了。唯前日又写一首:

花阴石畔两相怜，亲上加亲是宿缘。

可叹尘寰生路绝，双棺同穴大团圆。

前寄诸首中，最后一首是指两只石狮子，太晦不好。删了（后改成: 朝朝相对守朱门，木石心肠也动情。谁道我辈干净体，近来也想配婚姻。——也不好）。

来信中附诗:“丈夫气魄”是指尤三姐，“性儿”是指尤二姐，“妍容”指晴雯，第四首“繁华”看不出，“候门”应作“侯门”。

我病假三个月，至十月十六再去看，再续假，即等于退休。此事前已告你。近来我健康颇有进步。一者，胃口好，每日营养充足，常吃鸡汤。二者，风痛渐愈，能独自行走上厕所。三者，半个月必须剪脚爪，隔天必须剃胡子。这说明身体生活力旺盛。自知寿命当在新丰老翁之上，在世与你还有一二十年父子情分呢。

昨华瞻到联娘家，见小羽很胖，见了他就笑，重十九斤（七个月）。华瞻家菊文一岁多，重只廿二斤，可见小羽身体好。可惜父母子三足鼎据，邵远贞在联家住了四五十天，明天回北京去。超英尚未解决问题。拖拉作风普遍，但终有一天解决。我看“水浒”，一面讲与南颖、意青听。亦一消遣。胡治均又借我《儒林外史》，慢慢再看。他又送来日译《缘缘堂随笔》，他日寄你保存，译得很好，余后述。

〔1970年〕七月廿七晨字〔上海〕

注一：张心逸，又名张逸心，丰子恺在石门湾缘缘堂时期私授（日文等）弟子。
注二：咬坤，名丰坤益（1927—1994），丰子恺之堂侄，与张心逸同住在石门镇。

七〇

新枚：

也许发此信，即得你信。

多日不得你信，念念。你岳母最近患病，医生疑是癌，后来确定为胆石症，胆中有石，要开刀，要忌食油腻、酸辣（这些是她平生最爱吃的），现在家休养，有秋姐出旨，可以放心。你可去信安慰她，劝她少吃忌物，不久病好还是可吃。

小羽健好，有梅春管，并不为累。他最喜出外，看车水马龙。小孩大都如此。邵远贞已去，听说在天津勾留。好毛又要破费些。她给秋姐信，说其夫不日释放[注]，详情不知。凡事拖延，不可屈指期待。我已久惯，不放在心上了。我病渐好，能自己步行，只是右臂神经痛，不能高举，但尚能写字。"红楼杂咏"颇有兴，不久汇集寄你。再过五六天，阿姐当归，宝姐、民望皆不下乡，华瞻哥编英语教材，亦不下乡。上海秋凉，严霜烈日皆经过，次第春风到草庐。母眼很好，能缝纫写信。

〔1970年〕八月卅一日 恺

注："文革"中冤案。

七一

新枚：

多时不见来往，念念。好毛前日返沪，现住母家。惜汝不能来与相会。超英夫妇及一子亦皆来沪，住秋姐家，情况都很好。阿姐言二十九日返家，住六七天再下乡。但又有人说，即将派工作，不再赴干校，不知究竟何如耳。我病渐愈，十月十六再去诊治，再行续假。其余消息全无。蟹已上市，我略饮一小杯耳。余后述。

〔1970年〕九月二十五晨 恺

与宝姐信早已看到。知你做色拉，独自游船，甚慰。

七二

来信言画因樟脑丸褪色，绝无此事。画不怕樟脑丸。不知何故褪色。

此间盛传备战、疏散。我与母想不走，我的问题恐因此又拖延，只得听便了。好毛想已到石家庄？听说细毛亦还乡探亲，要在北京住一会再到家云。

今天联娘同小羽来。小羽大多了，能叫“公公”。

〔1970年10月4日〕星日晨书

上海国庆不游行，不放焰火。只有淮海路五彩电灯成桥形。近已放光。

七三

新枚：

久不得书，念念。好毛定今日下午六时上车赴天津。阿姐在此时，她宿在此。阿姐下乡后，她宿母家。昨重九，母生日，你岳家全家来吃面。小羽很要吃。他母抱他在桌上调了一碗粥，将喂他吃。梅青说，抱他到阳台上去吃，就抱了他。他大哭，以为不得吃粥了。梅青一手拿了粥碗，一手抱他走向阳台，他就不哭了。一碗粥不久吃光。

华瞻家的菊文，很不要吃，因此瘦小似餓鬼（日本人称小孩为ガキ），小羽要吃，故很胖。我抱了他，他弄我须。他在外婆家，时刻想出外，到了外面，不想回来。小孩大都喜换环境。

阿姐带小明下乡，入托儿所。今天来信说，小明非常高兴，在这新办的托儿所里当了“小干部”，晚上回来跟母睡。托儿所离母处，不过我家到万兴[注一]。小明在乡快乐，我很放心了。阿姐是“积极分子”，但不知何时毕业，派何工作。

你岳家近很闹热，超英夫妻、咬南[注二]都到，现已回去，只剩咬毛，今天也要走了。据说超英两年来很辛苦，但“结论好”，现已复职云。

江南蟹已上市，我吃过二三次，此物恐石家庄没有。近我常吃鸡汤，味难当，当吃药。据说非常滋补。十六日诊后再给你信。我右手右腿麻木，似半边疯，但不甚重，贴膏药、饮药酒，好些。

恺字

〔1970年〕十月九日〔上海〕

《二十年目睹之怪现状》你有否？如有，寄来一看。

注一：万兴，上海淮海路陕西南路口一家食品店的名称。

注二：咬南，名沈绮，超英之妹。

七四

新枚：

今日宝姊陪我去看病，又得休息三个月，明年一月十六（阴十二月二十左右）再去看。那时恐可由你陪去了。

南颖ganjiode[注]勿肯写信。课的确忙，懒也够懒。有空专门踢毽子。

〔1970年10月〕十六日恺字

注：英文拼音，家乡话，意“哪里知道”“竟”。

七五

新枚：

前几天有一个青年来，找你，说姓俞，名字我未问。他问你春节回来否，我答言“不知”“尚未”，他要你的通信址，我写给他了。

小羽夜里已不吃奶，梅青管他省力了。

我日来“认真做按摩，寂寞养残生”。少喝些酒，亦自得其乐。

超英念“落红不是无情物”，此句与他身世有何关联，我想不出。此人爱文词，我亦一向不知。

〔1970年〕十一月四日字

听见南颖在朗读：

Vice-chairman Lin’s description:

Study Chairman Mao’s writings, follow his teachings, act according to his instruction, be his good fighters. [注]

前寄刷一卷，内三件，想收到。

注：英文，意为：林副主席教导我们：读毛主席的书，听毛主席的话，按毛主席的指示办事，做毛主席的好学生。

七六

接好毛信，知有人对调，希望成功。即使调后无探亲假，亦小事，大不了自己出钱，请事假返沪。

病照旧，情况亦照旧，荏苒光阴，又近年终。韶华之贱，无过于今日了。日日做按摩，颇有效验。

……《文汇》载：周信芳翻案，言“我罪如芝麻绿豆”，

“我还要演戏”…… 民望哥言，前日拉他到乡下去开批斗大会，民望在乡也。

最近两次有人来调查：一，我家被抄去的财物若干？二，两个人的贪污行为（严×，即占住北房的人，徐××，即专门打人的凶人）。我们依实答复。可见，目前还在搞“三反”。

我逆料，年底总差不多了。大不了，一月十六日再续假三个月（结防所请长假者甚多，我每次要求，医生都问为何不退休），但希望其不然。

〔1970年〕十一月七日〔上海〕

七七

新枚：

久未写信与你。此间平安无事。我每天做保健按摩，颇觉有效。昨下午文彦来（他是公出来沪），与我谈了好久，知他家小孩已三岁半，精神好，而身体不好，恐是血统太近之故。小羽同他们一样血统，但并无病状，十分健康，可见血统太近之说并非人人如此。

明日小羽周岁，母昨天起已在准备请客，封了十几包糖果送亲友，并准备“拿周”的东西，看他拿什么。明日再告。

文彦离家，其妻芬芬及小孩都记念他。我劝他将芬芬迁王店，他说有种种联带关系，不行。盖芬芬之父亦舍不得芬芬也。看来看去，华瞻一家，目前最幸福，虽夫妻早出晚归，但父母子女五人团聚一处，晚上及星期日犹有天伦之乐也。你家分居三处，不知何日可以集中，时在我念中。

昔年马骏借了我三百五十元去，一直不还，前忽汇还一半，此赛如倘来之物。他不借去，也被抄去了。

你探亲假如延长扣薪，当以此款补贴。

母常叹愿：但得一吟和新枚像华瞻一样，天天回家。一吟或许有希望。你则希望遥远，然世事茫茫难自料，亦未可必也。

近闲时作“双声”句（即每字子音相同）：

△芬芳风拂拂 依约月溶溶

△潇湘栖蟋蟀 夜雨浴鸳鸯

△秋川清且浅 玉宇袅闲云

△琵琶频别抱 凤尾舞翻飞

以上廿八日写，今日小羽来，比前更健，且饕餮，要我抱，弄胡子。联娘一家来。宝姐原定来，终于不来，但也够闹热。小羽拿周，先拿枪，次拿笔，后拿算盘。将来“文武双全”。

〔1970年11月〕廿九下午字〔上海〕

七八

新枚：

来信言春节探亲不行，我们未免失望。然今日之事，不可预料，变化莫测，“万事随转烛”耳。小羽赴天津，我甚赞善。如何去法，你们从长商定，我送小羽行仪五十元，已交母处。他日交你或好毛。

阿姐原定廿二到沪，昨来信云须延迟，为了“出版界斗争正揭开盖子”。

我每天做按摩二次，小饮清欢。晨间弄笔颇有兴趣，他日送给你收藏。

有《教师日记》一册，是你画封面，且第一篇即是你诞生之记事。今另邮（刷）寄你，望看后保存。

〔1970年〕十二月廿一上午字〔上海〕

七九

新枚：

今天小羽来，能扶床走路，不过常要伸手摸痰盂。秋姐来与我打金针，果然手脚灵活些。后天再来。秋姐说：病假满一年，即“长病假”，从此不须上班，可安心养病。阿姐此次休假“放弃”了，不知何日可见面，好在小明爱住乡下，天天有电影看。得咬毛信，知她调石事已成功，须在春节探亲后实行。你们三人能团聚，是大好事，我那时一定到石来看你们小家庭。我很想离开上海，迁居石家庄呢。

父字

〔1970年〕十二月廿六日〔上海〕

八〇

新枚：

家中平安无事，我病不增不减。无可报道。

唐虞之世麟凤游，今非其时来何求，麟兮麟兮我心忧。

疑怪昨宵春梦好，元是今朝斗草赢，笑从双脸生。

〔1970年〕

八一

新枚：

你去后，星一，即有乡亲二人来宿。倘早一日，势难留宿，亦彼此之幸。其人叫丰明贞，及其子养先。明贞者，乃五爹爹之孙女，平伯之女儿，你没见过，我也三十多年不见了。她的丈夫在上海医院医病，她来照顾，住六七天要回去，送了鸡鱼等许多食物来，真客气。

广洽及陈光别[注]之汇款，今日收到，共八十元（归我保存，无用）。

今下午我午睡中，画院二人来访（一是王其元，另一是裱画师之子，亦担任勤务），问我病状。我以实告："肺病及神经痛，步行困难。"他们二人此来，不知有何用意。且听下回分解。

我在此诸事小心，你可勿念。

下次去信，有画寄你，你那袋上须改为六十幅。

父字

〔1971年〕二月廿三下午〔上海〕

注：陈光别，生于1912年，新加坡华人，新加坡工商金融界人士，曾任新加坡居士林佛教会会长等职。

八二

新枚：

来信昨（廿五）到。你的房东真好，同家人一样。来信以经济为言，此想法在今日不对，今日的钱钞，其价值与往昔不同。例如阿姐，只四十元，而退休的资本家有一百六十元。可见钱多并不表示能力强，都要碰运气。在可活动的范围内，互相通融，各得其利，不必分彼此也。所以你千万不可介意。而且这状态，我看不会持久，不久总有合理的“按劳取酬”办法。

告你二事：（一）南颖写“天天向上”为make great，是错的，她今依老师言改正为make progress。（二）华瞻言：最高指示，要把《二十五史》加标点。此指示甚及时，再迟，老人死光，无人能加了。我想，清史也应修了。

你那“敝帚自珍”袋上需改为“六十幅”。新加四画附此信内。

父字

〔1971年2月〕廿六下午〔上海〕

八三

新枚:

你叫丈母娘买火腿给我，她今日送来，都是精肉。午饭就吃。

文彦用热水瓶盛酒，其法至佳，不可不画。今画了一幅《劝君更尽一杯酒》，附此信内，可加入六十幅中，而取去“前程远大”（两马）一幅，此幅乏味。

文彦，我也送他一幅“劝君更尽”，再加一幅放风筝，共得十幅，等他来时交他。

阿姐言：上次两人来看我，是准备开一批斗会，然后宣布解放。所以我必须准备到会一次。我记得那天他们问我“能下楼否？”看来就是要我再出席听骂一次，我已有心理准备，只要他们派人来扶。

你准备在城中觅屋，甚好。今秋我一定到石家庄，我对上海已发生恶感，颇想另营菟裘，也许在石家庄养老。你说有绍兴酒，那更好了。今后交通日便，物资交流，不分南北了。

我以前写《菩萨蛮》，写到“镜中双脸长”，觉此女面长可怕，于是不再写《菩萨蛮》。你言“垂涕沾双扉”，不管“扉”是什么，鼻涕总是讨嫌。古人诗好的固多，坏的也有。

父字

〔1971年〕三月二日〔上海〕

传说：中央指示，上海斗批改应早结束，但“头面人物”勿太早解放。我便是“头面人物”，所以迟迟。

又先姐言，卯金刀[注]死了。姑妄听之。

注：卯金刀，三字合起来为“劉”，即“刘”的繁体字。暗指刘少奇。

八四

来信描写酒店，好似一篇小说。我盼望身入此店，不久可实现了。家中平安无事。前寄二信，第一信中画四，第二信中画一，想已收到，下次来信提及。

我伤风咳嗽，早已好全，照常饮食，各处批斗“五·一六”，运动又要拖延，但今年是党成立五十年纪念，务必开全国人代大会，所以诸事不会十分拖延。

阿姐陪母游杭州，带来一枝松毛，这常青物很可爱，挂在我桌上，至今青青不变。将来你来时还可看到青松。

〔1971年，约3月10日左右，上海〕

八五

新枚：

信收到，知以前各件都送到，甚慰。石家庄供应丰富，我希望秋天能来看。万一不能，设法叫你们回家省亲。今日万事拖延，不可无思想准备也。我近来身体健康，精神也愉快，酒兴很好，证明心身两健也。

古诗云："夜饭少吃口，活到九十九。"（见《古诗源》）[34]你夜饭少吃，好。我也如此。

父字

〔1971年〕三月廿日〔上海〕

即日春分，我略感疲劳，晨起较迟，二至二分（春分、秋分、冬至、夏至），对肺病人很不利也。

告你二事：

一、咬生[注]回来了，咬毛同他做媒的那女人（姓厉，高桥人）也来了，两人会面，就要结婚。听说结婚后可以调到福建。（咬生已三十五岁了，咬生月入四十元，女的也只四十元。不生小孩，可舒服过日。）

二、……

注：咬生，名沈诗昌，又名沈企胜，咬毛之兄。退休前任福建省国防工科办机械工程师。

八六

新枚：

一星期不给你信了，此间一切如旧，大概为了五·一六，运动又要推迟了。我已习惯于幽居，只当无事，倒也安乐。绘事已告段落，今后拟写《往事琐记》[注一]。古诗“挑灯风雨夜，往事从头说”，好句，惜不能画。又想起两联：“二十四番花信后，晓窗犹带几分寒。”又，“且推窗看中庭月，影过东墙第几砖”[注二]，皆画不出，舍之。

新亚[注三]尚未回来，不知要拖到几时。前天母去参加一大会，斗一个邻近的女子。她因偷情，嫌其婆在，用DDT杂药中，欲药死其婆，结果被婆识破，向众告发，开会斗她。同时又审×××，即××（猫[注四]）之弟，用手锈带进来，可见已犯了罪，详情不知。胡治均来过，朱幼兰父子也来，其子（显因）已结婚，送糖来。菊文定于四月一日送托儿所，此男孩实在难管，常常独自下楼，到马路上去，故非送不可。咬生之对象已来，是高桥人，近住联娘家，定明年春节结婚云。秋姐有一バイオリン〔小提琴〕，是冯荣芳[注五]旧物，意大利制，值五百元。民望哥介绍人买，尚未成交。窗外杨柳，绿意已浓，独坐浅斟，自谓南面王不易也。

近读《词苑丛谈》，见有女子咏七夕《鹊桥仙》，末两句云："人间都道隔年期，想天上、方才隔夜。"[35]又忆古人咏云："试问牵牛与织女，是谁先过鹊桥来？"皆想入非非。

父字

〔1971年〕三月廿七〔上海〕

注一：《往事琐记》，后改名为《缘缘堂续笔》。

注二：丰子恺有此画。

注三：新亚，丰子恺妻妹之子沈诗伯，咬毛之兄。参军复员后任化学工业技术干部。

注四：指其脸如猫。

注五：冯荣芳（1922—1969），秋姐（沈国驰）之夫，国家医药工业研究院生物化学高级工程师。

八七

新枚：

来信收到，内附交你岳父的信也已交去。阿姐昨天（二号）回来，九号回去。我身体很好。

昨天来了个解放军，石门人，名周加骎，同我谈了多时，曾把你的住址抄去，他以后也许会来看你，所以我把本末详告你：

石门有一周紫堂，我年青时，他在上海银楼工作，我与母常去看他（此时母在上海入学），此周加骎，即周紫堂之子，现在遵义某工厂（此厂造导弹云）军管组。两三个月之前，此人从遵义来信，说起他五六年曾向我索画，我送他一幅。现在他又向我索新作。我看了此信，想不起他是何人（昨天才明白）。大家笑他冒昧，没分晓，此时还来向我索画。昨天他同我谈，才知道他都分晓，并不冒昧。他说：他室中向来挂我送他的一幅画。文革初，人们劝他勿挂，他就收了。去年，人们又说可以挂了，因此他又挂起来，并且向我索新作。我许他稍缓画给他。周加骎的通信地址是“凯山四七八信箱军管组”（保密不写遵义）。此人（他的夫人在长春，也未调拢）常常出差，周游全国，故也许会来看你。

上月来了一个新的工宣队，问问我病，最后对我说："将来病好到画院来白相相[注]。"前天又来一新工宣队，向我详细查问我家让出房子的经过。不知是何用意。阿姐说，如果将来要还我们，要求把煤气装到楼上来。华瞻说：现在，万事都要"落实"，所以房子也要调查，不知究竟何意。

我正在写《旧闻选译》（古书上所见有意义的故事，用白话译出），将来再写《往事琐记》（前与你说过，写我幼时事）。两事都很有兴味。陶诗："但愿长如此，躬耕非所叹。"又"在世无所需，唯酒与长年"[36]。颇有同感。

父字

〔1971年〕四月三日〔上海〕

明日寒食。

注：吴语词汇，玩耍的意思。主要通行于吴语区的上海、苏州、无锡、常州、嘉兴、湖州、舟山等地。——编注

八八

新枚：

零星事写告如下：

△咬生的未婚妻，将皮包放在亭子间里，被人偷去了。内有钞四元，布票十六尺。咬生赔她四元，联阿娘赔她布票十六尺。是同住的人家有坏人偷去的。

△超英哥爱古诗词，我料不到。……

△昨华瞻听中央报告，据说：老年知识分子“敌作内处”者，工资照旧（但不说以前扣的是否发还），抄家物资发还，但已坏者不赔，金子作价发还……政协等等。看来，快处理了。前几天有个工宣队来详细调查我们的房子让出经过，恐怕也是一种处理。

……

△来信昨（八日）到。你修自鸣钟，装铜壶滴漏，甚好。今古奇观的故事，实属罕有。

△阿姐今晨（九日）下乡。小明来去都高兴，我甚放心。阿姐同朝婴昨下午去看小羽。朝婴还是初见。小羽见她，大哭。大约怕生。此间的坐车已送去，小羽专门想出

外，今后可叫梅青用车推他荡马路。

△城中房子易找，甚好。希望你们早日团圆。酒店全是荤菜，说明当地富庶。我是醉翁之意不在菜。

父字

〔1971年4月〕九日上午〔上海〕

八九

新枚：

前天下午有一工宣队同老孙（即本来之工人）二人来，我正午睡。他们说不必见我，只要同母谈。谈的是房屋问题。问我们这里住多少人，何年何月让出楼下，最后说："你们如果房子不够，可向房管处申请。"（听说有许多人，起初驱逐出屋，后来照旧还他。）

我们现正考虑，如何对付。已告阿姐，尚未见复信。大约只有两办法：（一）索性乘此机会，迁居别处，独立为一家。（二）要求把钢琴间及磨子间还给我们……大家考虑，此间地点好，房子好，另迁恐不如意。还是第二办法好。未定。

盛传“上海斗批改快结束，但头面人物勿太早”。勿太早，大约也不会太迟了吧，总之，看来快了。

参考别单位事实，我的工资应该恢复二百二十，而且过去扣的要还。若果如此，可发小财了。

阿姐从乡来信，言此事从缓，将来条件必更好。对。

此间春光明媚，我病好得多了。后天再去看，大约是最后一次看病了。

父字

〔1971年〕四月十二日〔上海〕

（日文）竹[タケ]ノ子[コ]（笋）木[キ]ノ子[コ]（香菌）木水母[キクラゲ]（木耳）

九〇

新枚：

来信收到。你自己装电灯，为别人修钟，很有意思。可以改行，也可得五十几元。

我今天上午去看病，透视结果，没有变化，又给三个月药。七月十四再去看。

母说，你倘要买物，可来信，托那便人（孙君）带给你，布票可以给他几尺。

宝姐告我：中央文教会议决定，老年知识分子恢复工资，并补发以前扣除的。又说：抄家物资，除国家需要的以外，一概退还。已坏者不赔偿云云。宝姐说：“圆子吃到豆沙边了。”

你信上叫我勿去上班，我要来生再去了。无论如何拖延，我总是一直在家“浅醉闲眠”了。问题一解决，我就想到石家庄。

小羽很健，要吃。联阿娘说：“瓦看特吃得落厄。[注]”

父字

〔1971年〕四月十四日下午〔上海〕

小羽体重廿四斤。

南颖、小明小时的玩具，现在不要了，我都交联娘给小羽及阿至。因她家玩具很少。……

菊文要送托儿所，还在验身体。

母亲为菊文好辛苦。希望送出。

注：瓦看特吃得落厄，土话，意即：我看了他（真喜欢，简直把他）吃得下去。

九一

新枚：

信收到。的确，The tables are turning〔形势转变了〕。听说：某大专教授，未解放，但薪已照旧付二百多元，解放后补发以前所扣。此与宝姐所传达相同。看来不久有转机了。

我看病后，透视报告，没有变化。现在照旧服药，休息。七月十五再去看。上班是永不再去了。你患的什么病，Haemorrhoids是什么？痔疮吧？你对厂很满足，甚好。三月暮，古人伤春，是无病呻吟，我也不以为然。我窗中时有柳絮飞进来。想起薛宝钗的《临江仙》：白玉堂前春解舞，东风卷得均匀，蜂团蝶阵乱纷纷。几曾随流水，岂必委芳尘？万缕千丝终不改，任他随聚随分。韶华休笑本无根，好风凭借力，送我上青云。

我近日晨间写《往事琐记》，颇有兴味，将来给你看。你的便人还没有来。

华瞻昨问我一句：

彼はいつもの様に酒を飲む。

他不解いつも是“何时も”，而把“もの”当作“物”字，便解不通了。此句应译为“他照常喝酒”。你一定懂得的吧。余后述。

父字

〔1971年〕四月廿二下午〔上海〕

阿姐明天上来，房子事由她去交涉。阿姐住四五天又下去云。

那解放军周加骎，前日夜八时又来过。他本要到石家庄看你，因事作罢了。他同华瞻谈了很久，我已睡了。

阿姐廿三下午回来，住四天又要去，去搞五·一六。她没有带来什么消息。总之是拖延。我管自写我的《往事琐记》，很像《缘缘堂随笔》，颇有兴味。

〔1971年4月〕廿三晨〔上海〕

……

盛传“三还”，还房子，还工资，还抄家物资。

九二

新枚:

来信收到。你们那边有不忘“红酥手，黄藤〔縢〕酒”，“江南忆，最忆是杭州”之人，真也难得。你在屋中作种种自动设备，可谓自得其乐。

此间依旧，太平无事。那解放军周加骎已回贵州，来信要我写两张字，唐诗宋词云。

《二十年》[注]很好看，已看一半，此人广见多闻，笔头又灵，可佩。

华瞻言：他们同编英文字典的，有一人，才解放，工资恢复二百五十。其人要求到杭州女儿家去休养二个月，不许。现在还是早出晚归上班。此人与我同年的，可见我全靠生病。又可知我的二百二十不久也该恢复。

不过，我的单位性质有点不同，是砸烂单位，管束不严。据说有二三老人，并无病假证，也不天天上班去。又据人说：从前扣的都要补还。抄家物资也都要退还。阿姐前天（她昨已下乡）到画院去（为了购物卡失去，要求证明补发，已得），他们交她带回七八本照相册，其余物件，没有提起。看来这就是退还抄家物资了。

菊文五月三日进托儿所（已报名交费），此后母可以轻松些。

新亚已于五六日前出来。联娘说，他在内天天坐条凳，脚毛病了，现在照旧天天上班。

〔1971年〕五一前一天晨〔上海〕

注：《二十年》，指《二十年目睹之怪现状》一书。

九三

新枚：

无事可告，怕你挂念，写此闲信。我晨间写《琐记》，颇有趣味。《二十年》我已看完。此书内容奇离古怪，文笔淋漓尽致，只是结尾太惨，令人掩卷纳闷。现正候便人带往杭州给满娘看。

小羽不时来此，渐渐长大了，不知你们这三角关系，何时变成团聚耳。

枝上柳绵吹又少，春去了。现正是清和天气，不知北方如何。

华瞻问我：“大(オウキ)ナ”为什么不用“大(オウキ)イ”？这“ナ”字我竟还不出理由来。查字典，说是“连体”，例如“大ナ颜(カホ)”，[注]也莫明其妙。不知葛祖兰是否在世，很想问问他看。秋姐言，本来进出，常常看见邱祖铭，但近来长久不见了。不知此人也是否在世。

最近，朱幼兰、胡治均来，都是为儿子结婚送喜糖。

阿姐要六月二日还家。

父字

〔1971年〕五月十五〔上海〕

母说：文彦久不来了。超英来否？

注：“大きい”（大イ）和“大きな”（大ナ）在日语中是两个词（“大イ”是形容词，“大ナ”是形容动词“大(オオキ)”的连体形），然而后者经常被误认为是前者的词尾变形。——编注

九四

新枚：

来信说吵新房和惨死，像是《二十年》中的材料。此间依旧平安无事，我照旧吃两种药。晨间照旧写《琐记》。总之，一切照旧。只是前天画院老孙送信来，说捉出两个“共

向东”，本来都是当权的（×××、×××），其他情况不知。近来我对世事，木知木觉，自得其乐。都是养生之道。

忽然想出一首“古佛偈”，起初只想出一二句，后来竟全篇想出。这文章很奇妙，不知谁作。好像记得是苏东坡作，吃不定。

阿姐要六月二日返家。不知她何日派工作，派在何处，都不可知了。

小羽很健，常常来此。联娘身体很好，来时陪我吃酒。新亚上月已回家，无事。

父字

〔1971年〕五月廿一〔上海〕

九五

新枚：

久不写信给你。此间依旧平安无事。阿姐来了一星期，今晨又去了。南颖下乡，要十天，再过三四天来了。途中来信，说很有兴味，吃饭时，肉给敏华（楼下女孩）吃，“猪血很好吃，早上吃溺”。原来是吃粥，她把粥字写成溺，好笑。

传闻，徐森玉（上海文物保管会会长）九十岁死了，尸体打防腐针，向中央请示，作为敌我抑内部论？倘作内部，要开追悼会，倘作敌我，就此烧化。下文不知。

曹永秀[注]来言：贺天健的存款解冻了，有两万多，可知存票都还他了。此人已解放两年，至今方还存款，可见迁延之久。但曹言，最近指示，知识分子存款都要解冻。我想：巴金……万难道也还他吗？不可解。不去管它。

我身体很好，吃维太命C、B，胃口增加。宝姐说："圆子吃到豆沙边了。"大约对的。

新亚在厂中，机器轧脱了右手中指一节，医生给他接牢，听说可以复原。

父字

〔1971年〕六月三日午〔上海〕

永安公司老板郭琳爽，其妻及子都已去国外，他独留在此。初期吃些苦头，后来给他生活费了。最近其子汇来十万元，他无用，全部上缴了。此人是全国政协委员，每年到北京开会，我和他同车，很相识。他叫我"丰姐老"，广东人读"子"字如"姐"字，我送过他字画。

我继续写《往事琐记》，很有兴味。

注：曹永秀，丰子恺长女丰陈宝的中央大学校友。

九六

新枚：

你的信内容丰富。可惜英文日文俄文夹杂，母亲看不懂。

你对这房子很有兴趣，大概不想迁了？仍旧贯，如之何？

万事拖延，阿姐何日派工作，我何时解决问题，都沉沉默默，不知消息。

朱幼兰送我些新茶叶，不知是否碧螺春，味极好。今略包少许附此信内，你可作一次泡。尝尝江南风味。

新亚的右手中指，被机器轧脱一段，医生替他接牢，现病假在家，看来可以复原。

王子平年九十，被抄物资发还了。他只要求迁居一个静静的地方去养老。此人是大力士，当年曾打倒俄罗斯大力士，因此有名。往年我曾请他看疯气病，同他很熟悉。九十岁还很健康，朱幼兰去看他，故知之。

父字

〔1971年〕六月十日〔上海〕

董文友《忆萝月》（即《清平乐》？[注]）：

已将身许，敢比风中絮？可奈檀郎疑又虑，未肯信侬言语。

便将一缕心烟，花闲敛衽告天[37]：若负小窗欢约，来生丑似无盐。

是代一从良妓女作的，见《词苑丛谈》。

注：清平乐，词牌名，又名《清平乐令》《醉东风》《忆萝月》，为宋词常用词牌。

九七

新枚：

附茶叶的信，想收到。昨天来了一个朋友，使我不胜感慨。其人你大概不知道。姓章名雪山，就是开明书店创办人章雪村的兄弟[注]。他今年八十岁，很健，住在南昌路儿子家，步行来看我。他告诉我，雪村夫妇前年过世。还有许多人，你不知的，也已过世。昔年亲友半凋零，半字已不够用，竟是大半不止了。……

他原住在杭州，自己买的一间房子，被没收了，无处容身，到上海南昌路住儿子家作临时户口。被抄去三千多元，已经还他，他就靠此为生。他告我：顶迟年内一切问题都要解决，他说我的存票一定会发还，工资一定会恢复，且看。他坐了一二小时，谈了很多。……现在老友稀少，把他当宝贝了。临别我送了他一个薄荷锭。

……

父字

〔1971年〕六月十三上午

注：章雪山当时为开明书店协理。章雪村即章锡琛（1889—1969），上海开明书店负责人。

九八

新枚：

无盐乃齐之丑女（见《幼学句解》），非王后。

《幼学句解》内多古典，我想寄与你，但暂不寄。先将《旧闻选译》一册另封寄出（不挂号），倘能妥收，以后再将《幼学句解》寄你。《往事琐记》我很感兴趣，第一册已被良能借去。等他还来，一并寄与你。

你屋确有好处，不迁为宜。车祸可怕，出门当心。你翻译技术书，不会出问题。

父字

〔1971年〕六月十五日〔上海〕

《旧闻选译》已寄出，平刷九分（收到后来信，免念）。过几日再将《幼学》寄你，《幼学》乃一种类书，分门别类，用四六文体裁，其注解很好，可以知道许多古典。

九九

新枚：

论“山抹微云”，又问$\underline{05}$ | $\dot{1}$ $\underline{76}$ | 5 $\underline{6}$ $\underline{7\dot{1}}$ | $\underline{33}$ $\underline{42}$ | 1的信已收到。此歌名《深秋》，载在我的《儿时旧曲》中。昨日已封寄，想可收到，最近封寄印刷物三件：（1）《旧闻选译》；（2）《幼学句解》；（3）旧曲。想都收〔讫 / 到〕。《往事琐记》别人借去的，已还来，等我再写一些，寄给你。

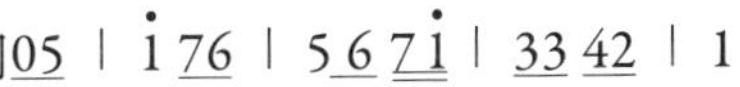

今日联娘同小羽来。我写此信时小羽在旁玩。他长得高了，叫人也会叫了。此间梅雨连日，今才放晴。胡治均的丈母死了，八十四岁。胡前日在此午饭，报告我“三还”

的消息，说一切问题快要解决，我姑妄听之。昨华瞻听周总理报告，有几点很可看出风向：（1）某处参观者入内必先入致敬亭向主席致敬，今取消此亭。（2）每家只准挂一个像，不可多挂。（3）出版物太单调，应多样些。（4）样板戏之外，别的好戏也可演。（5）不可说文革造成“翻天覆地”的变化，应说“重大”的变化。还有其他。出版物太单调，谁敢再出书呢？

联娘又从秋姐处听到一事：有科学家（美留学生）在安徽劳改。美国教授屡次来信，此人不能复。这教授最近来中国找他，当局即叫此人回上海，供给他小洋房、小包车、厨司，替他做新衣。然后叫那美国人去访他——我不敢相信。后来别人也来报告我，大同小异。可知无风不起浪，必有根据。听说此美国人回去，宣传中国人对知识分子非常优待，以前听到的都是谣言云云。但这种话，我都不敢确信，何必如此呢？

小羽现在站在我面前，头和桌子一样高。

今日夏至，肺病人最怕二至二分，但我不觉疲劳，可见肺病已好。但昨天一医生来访，说我肺曾有空洞，夏至边要千万当心。所以我每天除早上写写之外，其余都是

“掩重门浅醉闲眠”。三餐胃口还好，常吃火腿。近又吃啤酒。

明日是闰五月初一。今年两个端阳。

父字

〔1971年〕六月廿二日上午〔上海〕

一〇〇

新枚：

我新作二画，附此信内，可加入“敝帚自珍”中，得六十二幅。你看《旧闻选译》，说一则以喜，一则以惧。其实不须惧也。我早上精神甚好，最怕没事做。这证明我身体好，TB已好起来。那《往事琐记》，既不便寄，将来交给你可也。现已记得差不多，可说的往事，大都已记出了。昨日我忽然想起一件工作，是极有意义的，佛教中有一重要著作，叫做《大乘起信论》，是马鸣王（印度人）菩萨所著。日本人详加注解，使人便于理解。我当年读此书受感动，因而信奉佛教。此书原存缘缘堂，火烧前几天，茂春姑夫[注一]去抢出一网篮书，那《二十五史》及此书皆在内。前年抄家，《二十五史》幸而被张逸心借去，没有被拿走[注二]。此书亦幸而存在。真乃两次虎口余生，仿佛有神佛保佑，有意要留给我翻译的。今拟每日早晨译若干。全用繁体字。将来交广洽法师用匿名出版，对佛法实有极大的功德。此事比《琐记》等有意义得多。此信看后毁弃。

宝姐昨来言，要整党了，“五七”干校看来就要结束云云。阿姐工作派在何处，天晓得。你给阿姐信，我看了。不放佩红调石家庄，也好，你们可来探亲，久别如新婚。我的工资肯定会还我，存款也一定还我（曹永秀言，贺天健的存款已解冻）。所以我的经济不成问题，你们自费探亲，都算我。横竖我的钱是失而复得的，好比倘来之物。且以后每月二百二十元，也用不完。最近，我加了阿英妈五元[注三]，本来廿二元，此月起给廿七元。此人很jia[注四]，口上说不要钱，其实最看重钱，加后，工作着实起劲了，每餐要问我爱吃什么。本来不是她做的事，如倒夜壶，舀面盆水等，现在她自动地来做了。这五元很见效。事实，原应该加她了。因为阿施去了（本来每月十五元，半天，今此人回乡去了），菊文不入托儿所，她当然忙点。阿姐也赞成我加，说这是我自己恢复工资之预兆。她也形而上起来了。新亚的手指，到底装不牢，现在还病假在家。咬生的女人悔约了，真岂有此理。咬生已三十五了，赶快另择对象吧。

父字

〔1971年〕六月廿七晨〔上海〕

注一：茂春姑夫，蒋茂春（1903—1939），丰子恺之妹雪雪的丈夫。

注二：不知何故，《二十五史》后来流落到上海旧书店，由丰子恺后人购回，送到重建的丰子恺故居缘缘堂中陈列。

注三：事实上，直到1972年12月底才宣布“解放”，而且工资只恢复到一百五十元。但他自己未加，却先加了女工工资，加后再函干校幼女一吟。无奈，所加工资由长女陈宝暗中补足。

注四：jia，土话之译音，意即能干，此处指精明。

一〇一

新枚：

前日发信，今又发此信，为的是二事：（一）我译《大乘起信论》，来信勿提及。因母看后向人传达，凡事往往不得要领，把次要当作首要，而首要反忽略了，或歪曲了。且此事我也只让你一人知，不告别人。（二）阿英妈加薪，你来信勿提及……

上海大热，正午三十四度，我每日饮啤酒一瓶，内加三分绍兴酒。我饮食很当心，决不会生病。“慎言节饮食，知足胜不祥。”

新作“竹几一灯人做梦”，我很欢喜，又作一小幅，也寄给你。

日本人的信封，真有意思，封口处毛边，封后揭不开。寄你一张玩玩，家中有很多。

父字

〔1971年〕六月廿八日上午〔上海〕

“君子防未然”之诗，名曰《古群行》[38]，不知作者。

一〇二

新枚：

你做色拉的信收到。今有好消息：老孙（送信的人）来，送一封信，是画院领导来的，内有十几个问题要我答复，即以前大字报所揭发的种种放毒罪行，例如《桃花一枝当两枝》《炮弹作花瓶》《有头有尾》，“护生画”，宣传反战，宣传人性论等。信上注明，只要简单。老孙说，这样就结束了。又说：要“还你的钱有一万多”[注]。又报告我许多情况：唐云每月本来一百四十元，后来给他六十元，现全部还他，他不受，要上缴，不许，终于受了。程亚君亦如是，他要充作党费（程是党员），不许，也受了。有一画师叫×××，犯腐化罪（父女通奸），坐牢监三个月，现在放出来，仍给他八十元（画师一律八十元，他后来五十元，今复旧）。又，现在凡年老体弱的，都只到上午半天。有好几个人，根本不到。有一女画师李秋君，病死了。老孙自己叹苦，今年六十二岁，工资只四十九元（看门的老贾有八十，是别处调来的，工资照旧），其妻有病，倘退休，只得三十余元，不够用，又说他的工作（听差）是三百六十行。

我准备日内作汇报送去，这就算脱罪了。我译《大乘》，今是第五天。得此好消息，乃佛力加庇。

联娘今日来，说小羽健好，不过三楼太热，有三十六度，南、青二人今午上车赴北京，要二十多天回来，南说到京后写信给你。

父字

〔1971年〕七月三日〔上海〕

注：抄家抄去仅六千多，一万多是加了利息。

一〇三

新枚：

阿姐昨日来。住五天再下乡。大约下次上来，可以派工作了。然不一定。

七月五日我把总检讨送去，大约不久可以解决问题，获得退款。然凡事拖拉，也许还有若干时间，但不会太久了，因为他们已在算账了。

华瞻要你函授电灯装法，可以吗？……阿英妈回乡去，请假三天，阿姐在此，我们主要是到外面买来吃，故亦无妨。余事后谈。

父字

〔1971年〕七月八日〔上海〕

昨小暑[注]，大雨，气温降至廿八度，很爽快。

注：1971年小暑为7月8日，可见此行附注写于7月9日。

一〇四

新枚：

今日（七月十三）去看病，透视报告，照旧。约定十月十四再去看，给药三个月量。“衰年病肺惟高枕”，大约老人患肺病只要高枕而卧就好了。我自觉除肺外，百体皆健。语云“抱病延年”，因病，多休息，反而可以延年。

宝姐言，虽有“三还”消息，恐实行须拖延至国庆。因有许多头面人物（巴金等）还在斗批。我已等了多年，再等也不在乎。病人本来叫做patient〔注〕，是最会忍耐的。反正不会拖得很久了。

阿姐今晨下乡。她与宝姐，都希望你夫妻调拢。也有道理。联娘管小羽，当然吃力，但因真心爱他，不觉得苦。

上次给你信，说及“译《大乘》”，此信须毁去，勿保留。此信也毁去。

父字

〔1971年〕七月十三午〔上海〕

注：英文，此词作名词解释为“病人”，作形容词解释为“忍耐的”。

一〇五

新枚：

“日出江花红胜火，春来江水绿如蓝。”“心事莫将和泪说，风笙休向泪时吹。”[39]此重复乃故意强调，不能指为疵。“宫殿风微燕雀高”，我也有同感，也是在故宫中感到的，可见好诗从生活中来，千古不朽。近忽忆某人句：“红窗睡重不闻莺。”此重字亦妙。英语有sound sleep〔熟睡〕，有否heavy〔重，昏昏〕sleep？又忆曼殊译拜轮〔拜伦〕诗：“袅袅雅典女[40]，去去伤离别。还侬肺与肝，为君久摧折……”原文是：“Maid of Athens, farewell to thee, Give, oh, give back my heart……”[41]译得甚佳。有《曼殊大师全集》是我题签的，在华瞻处，他日叫他拿来寄给你。胡治均拿来《彩色子恺漫画》一册，又我有《往事琐记》一册，想寄给你，怕不方便，寄你家中好，还是寄车间好？下次来信答我。

前日画院书法家胡问遂来（据说现在人与人关系正常化了，所以他敢来访我）。他是前些时解放的，告我种种情况，并送我一罐双喜香烟（三元）、一罐出口绿茶。因他欠我十三元，大约想以此抵偿（此人生活不裕）。据说，我属于中央，由“康办”（即康平路革委办事处）管理。“康办”已通知画院算账，宣布解放后即还我款项及电视等物。他说不久会定夺，但不知久到何时，反正不会太久，我也不会盼望。现在我打算等阿姐派定工作后，即要求调房屋，迁居到公寓式房屋中，一门关进，可以安静些。还款收到后，我要分配一部分给你与阿姐，我横竖有每月二百二十元[注一]，余款无用了。所以，你与咬毛探亲，尽可自费，每次区区百元耳。你可快叫咬毛到石家庄当教师，日后之事，不可预料，“吃一节，剥一节”可也。有人劝我，将来可要求将你调上海，因你笔译口译皆能，上海用得着。此言不一定过分，也许能成事实，未可知也。我身体甚好，肺已入吸收好转期，在家日饮啤酒，早上研习哲学[注二]（已成五分之一，已给朱幼兰拿去看），真能自得其乐。

前日来的胡问遂是沈尹默的学生。言沈已于上月逝世，八十九岁。可见现在长寿者多。

尼克松访华后，中美关系势必加密，上海英译必多需要。故那人言调你来沪，并非空中画影，有希望也。来信勿言经济事，因信大家要看，我不愿大家知道。

恺

〔1971年〕七月廿二上午〔上海〕

注一：事实上工资只恢复到一百五十元。

注二：指《大乘起信论新释》的翻译。

一〇六

新枚：

又新作一画《春在卖花声里》，今附给你，加入“敝帚”中。

七月三日老孙来后，接着又来一书法家胡问遂，所言与老孙同，并言电视亦将还我，又说已确定为一批二养云云。不知前信有否告诉你，但至今又消息沉沉，不知究竟何时解决也。我热中于我的早晨工作，亦不心焦。听其何日解决，无所不可也。

上海又大热，今日早上就是三十二度，即华氏九十度，正午三十五度。送南颖等到北京的四姨夫昨回来，但没有带南、青回来，她们爱北京，欲再住廿多天（八月廿日回来）才找便人带回，故近来家中甚清闲。我日饮啤酒。

父字

〔1971年〕七月卅日〔上海〕

阿姐在乡，翻译俄文小说（毒草），不知何用。大约她将来可指派出版单位，仍操旧业，也是好的。

一〇七

新枚：

讲一女人见鬼的信，昨收到。但你说有《菩萨蛮》的信，我记不起。中国文学的确伟大，世无其匹。今寄你日本和歌四首，你看，他们这种诗，实在无味。比起我们的绝诗、词曲来，不成其为诗也。

我们都健。气温昨起降低，至二十八度，立秋到了（星期日）。阿姐因从事翻译，恩赐早一日返家，共六日，立秋后一天再下乡。社会风气已把你的习性磨成圆球（棱角全无了），对世事无可无不可（关于纶的事，成不成皆可）。但看样子，纶是即将与你团聚无疑。你们团聚后无探亲假，可自费来沪，费用算我。小羽病，打了十几针，已好全。广洽法师无端寄我四十元，我给小明十元，小羽十元，和尚的钱买物吃了健康。

“红窗睡重不闻莺”，上句是“彩索身轻常趁燕”[42]。苏东坡只能高喊“大江东去”“明月几时有”，此种细腻的词做不像。

父 字

〔1971年〕八月六日〔上海〕

一〇八

新枚：

闻宝姐言，你拒绝我的金钱分赠，甚至情愿不来探亲，我甚为不乐。我钱虽未到手，但肯定是要到手的。我无所用，你与阿姐两家收入最少，我分赠你们，是有理的，岂知你的头脑顽固，一至于此。须知新时代与旧时代，经济两字的意义大变。从前金钱万能，有钱可使鬼推磨，一分钱，一分货。现在不然了。为人主要是为人民服务，工资不过是买物暂用的筹码。时代趋向共产，废止金钱，但一时不能废止，因此情况不免历乱。资本家退休后每月还收二百多元，老技工辛勤工作，只得六十元，要维持六口之家……此等实例，到处可找。这证明金钱的意义与旧时大异。一家之人，或亲朋之间互通有无，截长补短，也是调剂之一道，而你把钱看得太重，违背我意，实在是不孝顺了。望你立刻改变思想，顺我意旨，对我是莫大的慰安。你只要接受我此信之言，不必复信。不复便是接受。

小羽昨日来，病早已好，打了廿多针。稍瘦了些，但身体长了，重廿二斤。文彦昨日也抱了他的宠子来此，我送了他八幅画，冬天用热水瓶盛酒的一幅画（《劝君更尽一杯酒》）也在内。他告诉我许多“三还”的实例。他安慰我，说他再见我时，一定一切定当，阿姐的工作也决定了。阿姐近从事翻译俄文小说（毒草），对她前程有利，能重操旧业，毕竟便利。她说有领导人问她日文能译否。她其实在文革开始前数日在译日文，限定六月十五交稿，而六月初文革忽起，事遂作废。她现在不难重温。所以我劝她以后有人问，不妨答以此事实，表示能译，好在我健在，可作她后台，帮助她重温，接我衣钵（照你那样的廉洁，恐怕连这种帮助也不肯受？一笑）。

福建那个周瑞光昨天也来，送我桂圆一包。入门见我，即合掌下跪。真是个极少有的佛教徒。我送了他些字画。他说在乡当小学教师，每月只二十元，此次旅游上海、南京、苏州，全靠他哥哥帮他，哥哥在虹口某工厂工作。

你说那《菩萨蛮》，是否“牡丹含露珍珠颗，佳人摘向庭前过……”[43]那首？此词肉麻，我不喜爱。我前信批评苏东坡，说他只能高叫“大江东去”，不宜描写细致景物。此言太过了。那“明月几时有”是好的。“彩索身轻常趁燕[44]，红窗睡重不闻莺，困人天气近清明”，首句造得不好。

父字

〔1971年〕八月八日〔上海〕

一〇九

新枚：

读辛稼轩词，发见一画《西风梨枣山园》，可入“敝帚”中，成六十四幅。

余无事。

父字

〔1971年〕八月十一〔上海〕

一一〇

新枚：

两信同时到。寄址既无着，那末有书寄何处？望续告，胡治均有《水浒》，三楼有《镜花缘》，《三国》则没有。

詈音荔，骂也。《离骚》“女媭之婵媛兮，申申其詈予曰”。胡治均送我一部旧《辞海》，我很得用。待“三还”时，我的大《辞海》还了我，可将此《辞海》寄给你。

你上次信言梦中诗，早收到，因不解其意，故不曾复你。诗中两句“冉冉”开头，但不解何意，太晦了。

小羽已健好。

父字

〔1971年〕八月十一日〔上海〕

上午发一信，内有画《西风梨枣山园》。

一一一

新枚：

痴人说梦的信，昨收到。我做梦，七搭八搭，没有像你那样头头是道。只有前天一梦，某人自杀，醒来听说真有其事。怪哉。其人是金仲华[注]也。

庭院深深深几许。夜夜夜深闻子规。日日日斜空醉归。更更更漏月明中。树树树头闻晓莺。家家家业尽成灰。此三字连用，与你说的又另是一式。

咬毛当工厂教师，我们都赞成。你快取得本人同意，早日实行。母看了你信，说你多能，塞在暗中，真不犯着，盖有怀才不遇之意。但今日但求为人民服务，不在个人立身扬名。故无可说。

上海连日三十六度，热昏了，幸大家康健。我日饮啤酒一二瓶，香片茶（每两五角）很杀渴，碧螺春（八角）我嫌淡。语云：烟头茶尾。茶第二开最好吃。

尼克松欲访中国，周总理表示欢迎。美将放弃台湾。此等消息，你亦必闻知。“乱世风云变态新”。

父字

〔1971年8月〕十七上午〔上海〕

胡治均给我一册旧《辞海》，很得用。无盐确有二个，一是齐之丑女，一是无盐王后。

此书将来给你用。

注：金仲华（1907—1968），浙江桐乡人，国际问题专家、社会活动家。抗战时期任《世界知识》主编，新中国成立后曾任上海市副市长。

一一二

新枚：

近日岑寂无事。二女孩尚未回沪，须月底回来，故家中清静。华瞻听长报告（周总理的），言最近号召注重业务。因中学生字都写不清楚，笑话百出。故今后学校上午必须上课，停课必须得上级批准。此所谓物极必反欤？有笑话，有中学三年生写信给其母，称“亲爱的狼”，娘字写作狼字。又有人请假信上说：“家父亡，请假半天。”原来是“家务忙，请假半天”。“因半导体发炎，请假”，原来是“扁桃腺发炎”。此类笑话甚多，听说，上海当局将此种事例报告中央，因此作此报告。

今夏天甚热，九十度以上，我身体健好，饮食照旧。母亦健，眼甚好，能写信。

父字

〔1971年〕八月十九晨〔上海〕

一一三

新枚：

近又作《昨日豆花》[注一]一幅，可加入“敝帚”中。此间有一新闻，甚可注意。叙述如下：

有一善女人，在电车中，见一扒手摸另一人之袋。此善女人喊道：“当心扒手。”另一人警觉，扒手失败。此善女人下车，扒手尾之，至其家，认明门户。过了几小时，扒手来找此善女人，要向她借两个电灯泡。善女人不在家，扒手对其家人说，叫她准备，等一会来拿。善女人之夫是派出所工作人员，夜归，述及此事。其夫曰，你今天必得罪了人。善女人想不出。丈夫说："借灯泡就是要挖你的两眼。此乃江湖上切口，唯我知之。素不相识之人，无端地向你借灯泡，岂有此事。今必须戒备了。"于是向派出所叫了些人来，等候此扒手。扒手果然来了，就被捉住，送派出所，于身上搜出匕首。现在拘禁中。此故事说明盗匪还多，不得不防。今虽拘禁，但日后放出来，他仍记毒，对此善女人不利。又说明：见人被扒，还是不管的好。一片好心，害了自己。但此言总不足为训。做人真难。

《昨日豆花棚下过，忽然迎面好风吹》乃六二年作[注二]。文革初，有人写大字报，说此画表示欢迎蒋匪帮反攻大陆。"好风"者，好消息也。可笑。

〔1971年〕八月廿一晨〔上海〕

关于中学生写白字，又有二笑话，一人写信到家，说"哥哥上吊了"。其实是从乡下调回上海，上调也。又一人下乡，写信来说："上午斗了一会，下午劳动。"原来是上午兜了个圈子看看乡下景物。从前作威作福的小将，现在大都派出工作，拿四十元一月的工资。他们有一句话，叫做"拿篮头拎水"，当初看见篮中满满是水，非常得意，及至提起篮来，一点水也没有。

注一：此画题全称为：昨日豆花棚下过，忽然迎面好风吹，独自立多时。
注二：实系1964年所作。

一一四

新枚：

你吃兔子肉的信，昨日到。我们正在盼望，说你好久无信了。说完信便到。

好毛调石之事有望，甚好。阿姐九月二日返家，还要去，不知何时派工作。为时必不久了，因教师已派出，她不当教师，甚幸。看来是本行（出版）。最好，驾轻就熟，入了编内，工资一定会调整。

你的事，阿姐的事，我的事，都迟迟不解决，但肯定大家就要解决。看谁先。春节能得你们双双来探亲，最好。

我身体甚好，步行也复旧了，但仍不出门。晨三四点起身，弄我的哲学。朱幼兰经常来，就为此哲学。胡治均每星期日来便午饭，必带青浦西瓜来。今后西瓜没有了。

“枯藤老树昏鸦，小桥流水人家，古道西风瘦马，夕阳西下，断肠人在天涯。”旧有此画，不中意。近正在重新构图，稍缓时就可寄给你。

南、青前日从北京回来，人长了些，做事勤谨了些。菊文有二姐管看，母少烦了。小羽误吃一杯酸梅酒，上口甜蜜，后来面孔通红，大发酒疯。

母眼很好，能做针线工作，写信。

父字

〔1971年〕八月廿六晨〔上海〕

华瞻言，那书既不便寄，可于你将来探亲时带来，他不急于要用。

一一五

新枚：

又得二幅，共六十七幅了。前寄《西风梨枣山园》一幅，下次有信便中寄回，我要加几笔，再寄与你。

余无事。

〔1971年〕八月卅上午 父字

一一六

新枚：

讲《后水浒》的信昨收到。此书名《荡寇志》[注一]，乃反《水浒》，毫无好处。从前人也投机，见《水浒》销场[注二]好，就造反《水浒》，见《三国志》销场好，就造反《三国志》，说曹操多么好，诸葛亮多么笨。然没有人要看。

阿姐昨日来，七日再下乡，又弄翻译工作，但未派定。诸事拖拉得久，但迟早总有一日定头。好毛的档案到后，当即调石。我每日七时上床，至迟八时入睡。四时起来，已睡八小时，不为少矣。四时人静，写作甚利。你说我笔迹比前健，我自己也认为如此。所以最近的画实比往昔者为胜，你与胡治均，是最忠实的保管者。胡真对我有缘，多年前（你八九岁时）就私淑我，他所藏我著作，比我自己所藏更多更全。文革初，曾被抄去，后还了他。故至今尚有。

近正作二画：《渐入佳境》《一叶落知天下秋》，缓日寄你。余后述。

父字

〔1971年〕九月三日〔上海〕

现已改用较大信封。

居移气，养移体，说得很对。我一年半多以来，虽曰养病，生活实与南面王无异。精神舒畅，笔下健爽也。

阿姐告我：

△罗稷南[注三]患肺癌死。其妻提出要求：一、还抄家物资（三千多元，他解放已久，但迄未还）；二、给她派工作。前者照办，后者叫她自己向里弄要求云。

△要翻译世界各国史，共有数十国，用各种文翻译。阿姐即担任俄文方面的国史，此次下乡即开始。别人都羡慕，有一技之长者，不须劳动。

△周谷城[注四]通外文，派他译某国史，一万字限七天完成。

……

△看到罗稷南例，我的钱不知何日还我（但各单位情形不同，未可概论），且须忍耐。我只要不上班（画院老人都已不上班了），已是运气。不要等候，总有一天定头。

△“廿五史”加标点，已开始，顾颉刚主任云。

注一：《荡寇志》是中国清代小说家俞万春对明代小说《水浒传》的续写，又称《结水浒全传》或《结水浒传》。——编注

注二：销场，即销路。

注三：罗稷南（1898—1971），云南人，精通英语、俄语，曾任厦门大学校长。

注四：周谷城（1898—1996），湖南益阳人。历史学家、教育家、社会活动家。复旦大学历史系教授，著有《中国通史》《世界通史》等。

一一七

新枚：

等你来信，至今收到。《西风梨枣》一画，加了一只坚果，使那女孩不至空空张着衣兜。又，在地下加上淡墨绿，使墙及人脚显著[注一]。如此而已。

今另寄《一叶落知天下秋》一幅。尚有数幅正在构图中，我早上四时至七时写作，其外浅醉闲眠，你何以知道我白天作画？大约前星期日下午有二人来外调钱君匋，我正在写毛主席诗（是有一人索的）。华瞻看见，诫我以后白天勿写，大约是他告知的吧。

朱幼兰来言，工资调整，是原工资打八折，加十八元。九十元者不动：90×0.8+18=90，例如你，五十二元，则为52×0.8+18=59.6元，余例推。但不知是否全国如此，又不知何时实行。

好毛档案事，如此麻烦，真想不到。总之，现在诸事拖延。我已惯了，不去等它，迟早总有解决。

父字

〔1971年〕九月十一下午〔上海〕

华瞻言：台湾近日人心惶惶。大富人迁美国去，小富人迁香港去，穷人听天由命。大家卖房子，卖家具，有山雨欲来风满楼之势。大地风云变态新，戏文有得看看。

昨日下午有两青年喊上来“丰老先生在家么？”我正睡着。原来是两个复旦学生，来问我一事：四十多年前出版的一种杂志，名叫《絜茜》，是黄色刊物，问我知道其编者何在。我不记得此刊，但见有“丁丁”名字，便答复了他们，丁丁者，香港一文人也。此二人满足而去。这些人吃了饭没事做。

昨琴琴[注二]替我买蟹来，此乃最早之蟹。十只（一元），我吃了一大半。

注一：前有信嘱新枚将此画寄回修改，故有此语。

注二：琴琴，女工英娥的外甥女。

一一八

昨（十三）去看病，照旧。休假九十天之内，一定诸事都解决了。

以后来信，用“语录”二字代“画”字，因此间别人不知我寄你这许多画，我勿愿他们知道。

针寄你若干枚。

过去寄你的“语录”，已超过七十余幅，那序文将来要改。因尚有新的“语录”续作。

寒来暑往，此间日中十七度。

闻画院中老人大多上半天班，或全不上班。我将来一定不须再去上班。只要去看病，照例给假三个月也。

胡治均每星期来，读《论语》《孟子》，向我问难。此人……酷爱文艺，与我有特殊缘也。

蟹已吃过二三次。我近胃口不良，昨医生给我开胃药，今后可好转。

〔1971年10月〕十四日破晓〔上海〕

此种信应毁弃，勿保留。

一一九

新枚：

广洽师寄我五十元，我分二十元给你，和尚之钱买物吃了健康。昨交朱幼兰汇出，想可收到。

日内有新加坡“中华总商会”代表陈光别到沪，广洽师托他带西洋参送我，他必来我家相访。此人乃厦门大富人，在新加坡开“陈光别百货公司”。昔年来沪，我在功德林设宴招待他。今则已无全席，我亦病中不招待了。我已写好一联送他：“光天化日龙吟细，别院微风鹤梦长。”此联当胜于饮食招待。广洽师说，他在世有二好友，一是我，一是此人。此人信佛甚虔。

你上次信说听トロイメライ（Traumerai）（梦之曲），此曲缠绵悱恻，乃light music〔轻音乐〕中之light〔轻〕者。我年青时曾在バイオリン〔小提琴〕上拉奏，听了可以使人昏昏入梦。此曲奏得越慢越好，曲题记号是Adagio〔柔板〕。

昨华瞻复你信，想收到。此事[注]重大，不日将公开作报告，不知如何说法。

父字

〔1971年〕十月十九日下午〔上海〕

注：此事，指1971年9日13日林彪"自我爆炸"事件。

一二〇

新枚：

你信怪我将此事告诉南颖、青青，其实，我们都在怪你。我们最早知此事，是你来的英语信，大家秘而不宣。接着，联娘来，说你有中文信告他们（大家说你大胆）。他同母讲，两孩都听见，向我问仔细，我约略告诉她们，并叮嘱勿对人言。此后蔡姨婆[注]到银行，听见银行里的人在大声谈论；乘电车，电车里的人也大声谈论。变成公开秘密，直到前天各单位作报告。

总之，你的信中是多疑之言。你不知此间情况也。

我守口如瓶，绝不会瞎谈国家大事。

陈光别至今不来，不知何故。解放军周加骎昨天来，送我木耳两斤。此物此间难买，他是从黑龙江买来的。

父字

〔1971年10月〕卅一日上午〔上海〕

注：蔡姨婆，丰子恺之妻徐力民的表妹。此处系按孙辈称呼。

一二一

恩狗、咬猫[注]：

你们团圆了，我很放心。不论远近，不论工作如何，能团圆便好。所以我近来少写信给你们。咬猫教英文，很好，可以边教边学。我依旧健康，官司至今没有打完。好在我寿长，不妨再等它一年半载。吃酒每日一斤，烟十五支。吃得好，上海牌，新出的，每包0.48元。你们劝我少吸，很对。以后当尽量少吸。

小羽渐大了，能咿呀学语，前周阿珠患猩红热，小羽来此躲避，一星期，今已返。……

早上依旧写作。附三纸望收藏。

〔1971年〕十二月廿三日，冬至。父字。

注：因新枚乳名为恩狗，便相应地称其妻为猫。

一二二

石家庄中药店有否“六神丸”，便中去问。如有买些，放信中寄来，此丸比菜子更小，黑色，治婴孩百病。近日小羽发烧，联娘来索，家中原有十几粒，遍觅不得，想已用去。今小羽已愈，买着备而不用也。此物中国特产，日本人来华，必买之以归。以前供应多，每坛百粒，亦不过一元左右。今只要有货，亦不贵。

〔约1971年〕

一二三

信昨收到。你能调电机学校搞外文，对你更适宜。不知可争取否，倘此地不放，至少要给你房子。

“举杯邀明月，对影成三人”，不能成画（东坡言王维诗中有画，瞎说！王维诗无可画者），因此不是好诗句。“邀明月”，其人必对月，则影在背后，不能共饮也。凡我取作画题者，皆佳句。

你们夫妻二人吃蹄髈，足见年青人胃口好。“食肉者鄙”[45]，何不吃鸡？鸡便宜。

昨（元旦）文彦夫妻来，送我蟹十只（今年最后一次吃），油豆腐、豆腐干、鸡蛋。我送了他们四幅新画。

阿姐卅日来，要住九天（小明很可爱，明年入小学了）。何日调上来，还不知道（还在翻译）。你们团圆的事首先成功，阿姐与我都在后，但也不久了。

画院的人，反而来问我，有否解决。原来我是美协主席，比画院院长大，归中央管，所以画院无权给我定案（由此地康平路办事处主管云）。

老孙来，说画院中人都在画山水花鸟，因尼克松来，到处要装饰。我说“山水花鸟是毒草呀”，老孙答：“现在不毒了。”好笑。又说，老人都不去上班，在家作画，照从前制度了。

……

昨车祸：两节电车，断脱了。前节管自开走，次节动力尚存，向前乱撞，一卡车司机粉身碎骨，幸无别人乘卡车。都会生活，真乃“一日风波十二时”。

〔1972年1月2日，上海〕

一二四

新枚、佩红[注]：

此次诊治，X光透视，无变化。照旧给三个月药，七月十二再去看。

近日各方面（有三方面）向我报喜讯。大约不久可以打完牛皮官司（然而日期难说，我也不希望太早）。阿姐已在作各种具体计划：关于还款的，关于房子的……再见你们时，情况恐大变了。

一个插曲：我去看病时，旁边有一病客说："此人姓名与上海一个大画家完全相同。"宝姐向他笑笑，我也不说。大约我的样子不像腔，他想这个人总不是大画家。

余后陈。

恺启

〔1972年〕上巳〔4月16日〕〔上海〕

（阴三月初三日上巳）

注：佩红已于1971年12月调石家庄。

謝枝、今日私共は天壇とゆふところを游びました。それは昔封建皇帝が豊年を祈る處で、いまは風景の一つとなりました。その壇は圓い形になって三階に積む。君此度写眞或は画で見たことがありました。天壇の傍に一ッ珍しいものがあります、それは"回音壁"です。その壁は圓い物で余り高くない。もし口を壁に付いて何かを呼んだら、向の方の人は耳を壁に付くと、はっきり（清楚）と聞き取れます。番の如く；若一人が口をAの處について、何か呼ぶ。又一人は耳をBの處に付くと、はっきりと聞き取れます。これは物理の作用があるからです、けれども非常に面白ろい。阿媽はAの處で「ムーマー」と呼ぶ。母様は「小竹は我が傍に居るかしら」と感じます。午后は私共は東安市場と云ふ処を訪ねました。それは上海の城隍廟とよく似て居る。家内の雑貨が色々の物を賣って居ます。昨日の手紙に云った「孫の手」はもう三ッ買った。値段は二十九銭です。

殿 殿 殿

A B

約□丈

20

入口

1959 五月四日

父より。

1959年5月4日

君が行くことは内に大い影響を及ぶ。これからわがうちは簡単化しました。詳しいことは姉様の手紙に書いて居る。私はここに言はない。只君は今までまだ伊呂波歌を暗誦することは出来ないですから、今私は君の床頭の紙を取落して、郵便で送る、是非暗誦して呉れ。

ちちより。

1959 八月廿七夜、

1959年8月27日

二枚：この画は国慶を祝ふ示しで、若し君の床に空いた壁があれば、これで飾ると綺麗になる。

祖母と姉様は、今日早晨七时五十分の汽車で杭州へ行く。姉様は、三日滞在して上海へ帰るの。その間家には只二人ばかりある随分淋しいです。

先日の為替は受取ったと思います。

……すな方が宜しい……にしなければ。③成可く当座預金に

当座預金はまさかのとき何時も取れる。

上海もう涼しくなった。近頃毎日八十一、二度で愉快な天気だ。

家は皆無事息災で、猫様も前よりずっと肥くなった。

父より 1959 九月十一夜。

1959年9月11日

1960年10月12日

十一月廿一夜。

君は書法(ショホウ)を習(ナラ)ふ志(コヽロザシ)は非常に好い。けどこれは必(カナラ)ず基本練習(キホンレンシュウ)から務(ツト)める。君は過去(カコ)私の字(ジ)を模真似(マネ)る。(模仿)私は月儀(ゲキギ)に基(モト)ずけるのですから、君も月儀を習(ナラ)はなければならない。月儀と云ふ物は、晋の索靖と云ふ人が書いたもので、一番(イチバン)活潑(カッパツ)の行書、古今(ココン)以来(イライ)其(ソ)の数がない。今、私は月儀一冊と私の習(ナラ)ひ物(モノ)若干(イクツ)、別(ベツ)に郵便で送(オク)ります。暇の有る時は、よく習(ナラ)って見(ミ)なさい。一年(イチネン)の后は必ず成績(セイセキ)が有りませう

新核へ、

父より。

1960年11月21日

不修边幅，即落拓。

1961年

元旦午后手啟：

北京から帰ってからの手紙は読みました。兄様も手紙が来た。兄様の言ふところによると、君は何も食べる；凡(オヨ)そ人の食べる物は、食べないものはない。又、君は边幅(ヘンプク)を修(オサ)まらない（即ち二ヶ月一度理髪(リハツ)する）ことは兄様よりも甚(ハナハダ)しい。前者(ゼンシャ)は好いですが後者(ゴシャ)は宜(よ)くない。自転車(ジテンシャ)の運送賃(ウンソーチン)六十銭だけは易(ヤス)いです。

今日、宝姉、先姉、華瞻兄皆ここに来る。非常に賑(ニギヤ)かです。今皆帰りました。今年(ことし)年賀状(ネンガジョー)は非常に多い。月曆も沢山送られた。

子恺用笺

今其の中の最(モット)も良(イ)いものを一枚君に遣る、この手紙の中に入(イ)れて居ります。これは桌(デスク)の上に置くことが出来る。

天津で自転車を走(ハシ)る時は上海よりも一層気を付けなければならない。人は毎(マイ)にか都市だから油断(ユダン)する。これは不可(イケ)なり。日本に「油断大敵(ダイテキ)」と云ふ話が有る。油断は人の大きい敵(カタキ)ですと云ふ意味(イミ)です。

新枚へ、

父より。

1961年1月1日

恩狗：照片收到。我大约十一月下旬内到北京，确定日子后再告。王伯堂的东西，你带到北京，由我带回上海。外有人代提行李，不须自己费力。钱寄不到。不必从邮局寄的，普通的也寄不到。且随时留意。倘寄到，我带给你。房间里会遗失，真了不得。你只有随时当心，衣物不乱放的习惯养成。倘若失窃，就怪不得你了。万一你也遗失，也不必深惜痛悔。[illegible]物仍是身外之物。（添置衣服等事）近日南颖在此。[illegible]，所以不寂寞不忙。我近日甚空。[illegible]。因为到北京去前，要参观上海各机关，所以我没有参加参观。（老弱者自由参加）十二月廿六那天，我们去功德林去吃素，储祯、戚都全家到。天气很好。你去天津逛很好。五十元一桌的素菜，等于从前二十四元的。你劳动结合业务，很有兴味，也好。[illegible]机械要当心危险。

1961年
十一月十四日 父字

1961年11月14日

新枝：
御手紙先日届けました。杭州行の切符は、妹様が買って上げませう。返る時の切符は、もう黄鸣弟さんに頼んで来ましたから御安心！
私と母は二十六日（水曜）南颖をつれて先に行く。願うことは君も妹様と一緒に行く。しかし汽車の込み合うことは免れない、心得て下さい。
和歌四首、私の好物で君に贈ります。
父より
二十四日、

1965年4月24日

1968·4

别后我早安返归，平安无事。近因需要在家与爷，与我无关。近日刻真中万量于五一庆祝，我有时帮助陪样，只做小工，並不吃力。五一调休，星期日上班，星期三回放假二天。母亲因爱南颖而身体健壮了，阿妹因爱小颖而身体健康了。我因天天上班而身体健康了。近来只觉得烟，酒，饭，都味美，此即健康之征。故我希望（文革延长，我）永远上班，则永远健康。去去車回，天天如此。
来信已报告烟的情况，未报告酒的情况。以后折衷一下。高之美，然每日一定吃得惯时，只要有酒。明年此时，你与母一定已到过你家花了。
但你我不来，但有一对来过二三次。南静数小时，惜之她遇去。
湖笑集（手写）一卷已写成，在你书架内。

1968年4月

1968年5–6月

新枚：我很健康。生活也习惯了。北面房间，上星期已还给林，现在家里很舒服，我同母亲在北室，前堂作吃饭间，阳台宽敞。可惜你不来看看。我单位文革进行速度（别的单位也如此）听说五月内要结束，但是实现，很难说。总之，我现在不希望它早结束，反正总有结束的一天。林付主席报告第四部分中指出对于资产阶级反动学术权威一段，你想必看到了。这说明党的政策。给我放心了。我近来相信一条真理：退一步海阔天空。退一步想，对现在就满足，而心情愉快。例如你，现在在家庭，不得见所要的人，但退一步想，如果到了更远的地方，还要苦痛，则现在在家庭，可满足了。你不在此，家中全靠[illegible]，凡对外对内种种事体，都是由她主持。她近日疲倦，她不会下放插队落户。故可放心。你劝她重温日本文，因日文无用，学英日文要有用，是毛主席说的。我的清算已经开始清查，刚刚开始，我要带家事，劳动改造，与群众混在一起。只欠"解放"二字。由此看来，这不是一刀两断的，而是逐渐逐渐的。近日来，对我完全无事，因我同气代早已通过。现在天天看别人交代，也快到他完了。故前途看来不很远了。将来一天将好消息报告你。今天是阴历四月初二，即所谓"清和四月"，是最好的天气，与三秋一样可爱。希望三秋时能到石家庄见你。一吟同此，

缘缘堂用笺

一九六九年五月

更正：昔在重庆，与一学生有诗云："清和四月巴山路，总有行人忆六桥。"（六桥）指西湖也。所以回杭时居室名（六桥）。可惜再不早托，在文革中被迫迁出，现在城中陋居的。

1969年5月17日

1969年11月11日

1969年8月23日

1969年约10月上旬

1970年7月3日

与宝姊书皆看过，你那三首诗我自有改，
但比我的晦涩，不易译出，但都译出了。我近又作
四首，附此信内。
信中所述ロマンス，嫉四千首，女的怀孕，将来如何
处置？二世月十五，恐非如此。
胡公的倩与我相附，儒林外史，我终已看完，转寄
满振，又要看儒林，不及前者有趣，所说你有「二
十年目睹怪现状」，也看，将来寄给我看，很挂念。
好毛笔写字，甚好，调工作地点事，能进行否？念念。
你会所编选，倒也希奇。
南朝返还，心子在职，每晚学英语教科书，免下乡，
宝姊所写信与词典，要免下乡，去参加前日县宣传队，
搞三反一镇运动，所说的第三星期。
到处树上洒有杀虫，蝉亦受毒，叫声异常，
「吱——吱——」，不似本来的「知了——知了——」
阿妈下半期上了返家，所往是将毕业派工作，大都派
去「战备区」，即人工厂，但她是[illegible]，当轮不着。
小孙近来「全托」，每星期六到此二三十时，即由宝姊送去度星
期日，她们也游戏，此最当活动，全托无不依恋家庭，孙辈
回归她，她作多事，[illegible]也很安全。

1970年7月3日

1970年8月31日

1970年9月25日

1970年12月16日

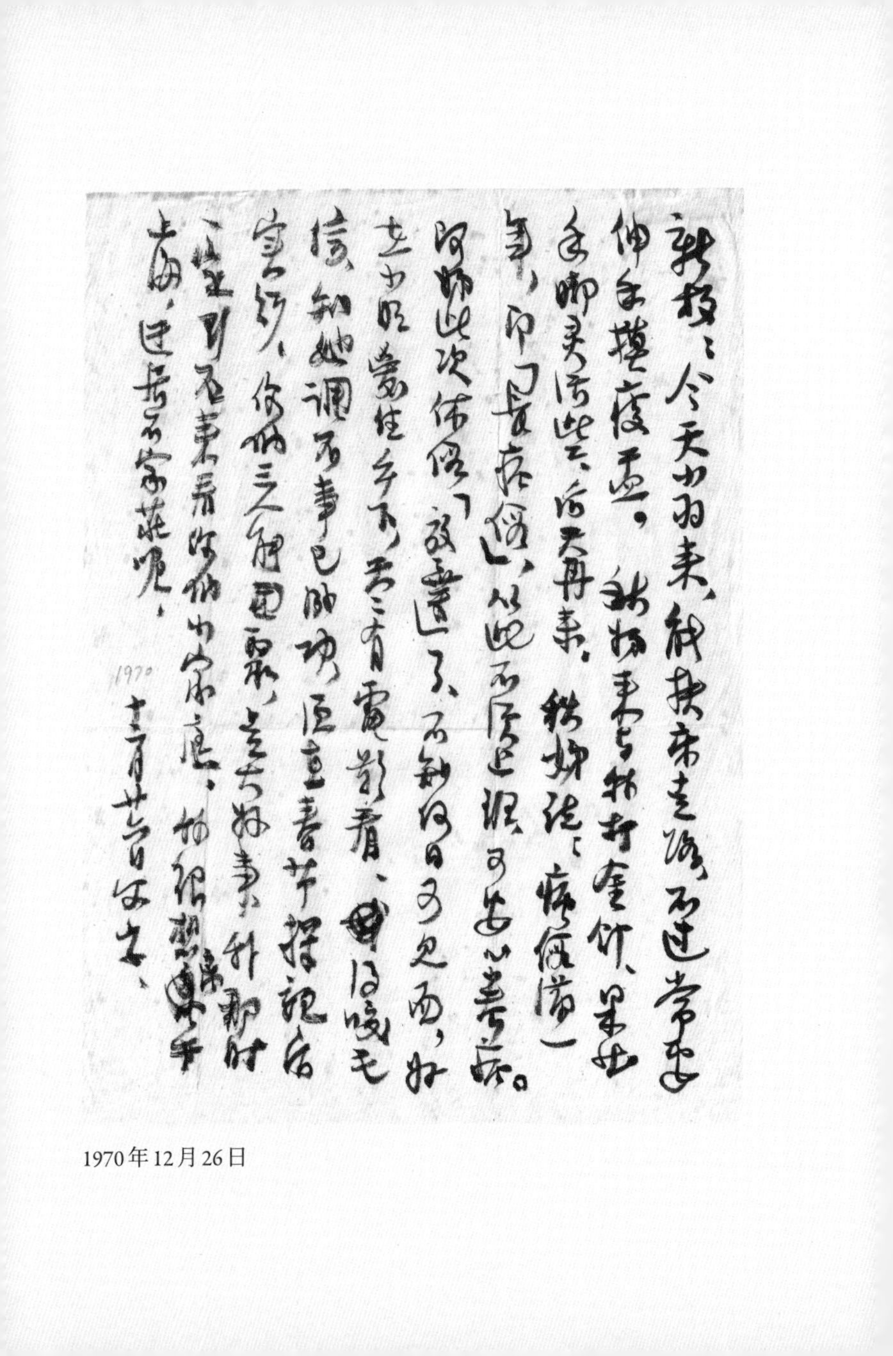

1970年12月26日

见反面

新枚、你四信我已看过。你问的那
首诗，我想早已知道。你说是由"牡
丹带露"这词引出的，但这首词我
就不知道。大概是你记错了。
纪、青二人将赴北京。是由她们的四
姨夫带去。他由江西到京休假，路过上
海。她们大约七月二日晚或三日北上。

(1)

不知与何信有关，暂未抄

在京住二十几天仍南返。南返时仍由
四姨夫带回。

昭 1971 六月廿日夜

我记得一词："丹含露真珠颗，佳人折向庭前
过。含笑问檀郎，花强妾貌强？檀郎故相恼，
……好。一向发娇嗔，碎挼花打人。"
……不好，肉麻动人，不能讲说。

1971年

一二五

三号信收到。

你寄母五元，何必呢？已收到。

你说袭人嫁蒋玉函，我们都发笑。配也不配。

阿姊昨天（廿六）来，一号走。大约是最后一次了，以后即上来了。

余无消息。

我爱吃蟹，故作一画。

〔1972年4月〕二十五午

一二六

新枚：

此间一如平常，无可相告。外界盛传“三还”（还房子，还工资，还抄家物资），但“只闻楼梯响，不见人上来。”拖延得真厉害。只有耐性等候。今日朱幼兰来，谈些近事，也不过如上述。他说我将有两万元可收入，姑妄听之。宝姐昨言，巴金已得每月三百元云云。不知确否。

我身体很好，天天浅醉闲眠耳。

〔1972年〕五月六日父字。

一二七

新枚、佩红：

关于我的牛皮官司，各方喜讯都说得很确实，但是直到今天，只闻楼梯响，不见人下来，不知又要拖到什么时候。我想，左右总有一天要定夺，不去等它。我手头工作很有兴味，身体也很好。酒兴照旧好。右腿渐好，不怕步行了。包裹昨收到（白药和带子，交给阿姐。桂圆两个母亲分食）。石桥香烟很好，另有一种气味。太行也还好。我一直记挂小羽。家中没有老人，苦了他，又苦了你们做父母的。最要紧的是小孩不要生病。

阿姐上来，也遥遥无期。但也是总有一天的。

此间清和四月，柳絮已尽。窗外一片绿荫。我很盼望初秋到杭州去一下，到石家庄去一下。余无话。

恺

〔1972年〕五月十九日〔上海〕

一二八

新枚、佩红：

我的官司至今没有打完，无颜写信给你们。目今万事拖延，我也不在乎了。

香港有读者，无端寄我港币一百元，即四十元二角。我分二十元给小羽买东西，另行汇出（你们切不可买东西回敬我，使我反而扫兴）。

阿姐明天来，可住七八天，何日上来，也拖延着。母今天裹端午粽子，给阿姐小明吃。可惜不能寄给小羽。

文彦昨天来，谈了很久。他患肝炎，病假在家。他家小孩宜冰，也是姨表兄妹生的，同你们一样，也很健全。你们都运气好。

你们从前不管孩子，自由自在，太写意了。现在做父母，一定辛苦，但也一定另有乐趣。

我盼望官司打完，到杭州去，到石家庄去。现在好像有一根无形的绳子缚住我，不得自由走动。虽然我早上的工作很有兴味（译日本古典文学），总是单调。

我近来吃烟大减（日吸六七支），吃酒也换一种方式：

同外国人一样，把酒一气吞下，取其醉的效果。因我不爱酒的味道，而喜欢酒的效果（醉）。

你（新枚）从前集七十句诗寄我，我今集了七十七句，附给你保存。现在我正在集五言句，岂知五言句比七言句难集，尚无成就呢。

恺字

〔1972年〕六月二日〔上海〕

一二九

恩狗：

来信中用许多外文，苦了母亲。以后不要，好否？前信言香港读者无端汇款来，因事甚疙瘩，所以不告诉你。你问起，我就详告你：此人是我的私淑者，寄两双拖鞋来（每双至多值一元），我出了四元六角关税，他不好意思，便汇款来。这也近于无端。我已用字画酬谢他了（他的信附给你看，不必寄还）。

咬猫暑假来探亲，甚好。费用不成问题。到那时，牛皮官司谅必打完了。自从拖拉机入中国后，国内万事都拖拉。阿姐何日上来，也音信全无呢，小羽再过一二年，管起来就不大费力了。你们要熬过这一二年。菊文不肯进托儿所，父母太宠……竟吵得可以。我“不痴不聋，不作压家翁”[注]，也不勉强他们。我近日每天饮啤酒一瓶半（每瓶三角三分）。香烟是最高级的，有嘴的上海牌，每包五角。附二支给你尝尝。

房管处忽然将我们房租减少二元余，本来廿七元余，今后只要付廿五元。并且说：“房子慢慢替你们安排。”不知何意，也许不久我们可以迁地为良了。

西郊公园有父母二人要小孩（二三岁）同河马拍照，河马把小孩吃掉了。真是怪事。

明日端午，今天我房中廿三度，前天最高三十度。我每天译日本千年前古典文学，甚有兴味。

恺字

〔1972年6月16日，上海〕

注：原为“不痴不聋，不做家翁”，语出《资治通鉴》第二百二十四卷。意思是不痴不聋，当不了家长，寓意难得糊涂。

一三〇

新枚：

“言师采药去”，“师”字开头的句子，的确想不出。“结伴游黄山”之诗，下文如何，我自己也记不起了。此君提出，他大概知道的（从前大约在某报发表过）。没甚意味的。

华瞻言，印度大热，达四十五度，人畜死者无数，开水卖五元一杯。

又言：汪小玲拿十磅热水瓶，跌了一交，右臂骨折，正上石膏。汪在复旦教德文云，身体大如牛。

今次来信不曾提及小羽，想来很好。希望好毛能带他来探亲。余后述。

〔1972年〕七月二日〔上海〕

东坡尝携妓谒大通禅师，师愠形于色。东坡作长短句令妓歌云：“师唱谁家曲？宗风嗣阿谁？借君拍板与钳锤，我也逢场作戏莫相疑。溪女方偷眼，山僧莫皱眉。却嫌弥勒下生迟，不见阿婆三五少年时。”（见《白香笺》）[46]

言师采药去的师字开头的五言句，我想出了，如上。

一三一

新枚：

好猫大约已回石了？小羽入京，必多快乐。你不肯教英文，也罢。我意，教也不妨，今后不会再有人作怪。风向大体上渐渐右转，业务要注重了。

你的字，实在太潦草，教人难于认识。此后对外人，应该写得工整些，此乃给人第一印象。看信费力，第一印象就不好了，多少会影响事情。

李叔同先生诗词，我都记得。另纸写给你。画一共一百三十八幅，从此要告段落，今后是否再画，不得而知了。

我最近早上翻译日本古典物语，很有兴味。因此幽居小楼，不觉沉闷。日饮啤酒二瓶，高级烟十余支，自得其乐。

今天是八月四日，一年前七月三日，画院老孙来，给我一信，内有十几个问题，要我答复。老孙说："简单回答些，问题就解决。有一万多元要还你，利上滚利的。"后来，市革委也有一女人来，口头问我几个问题，特别指出我歌颂新中国的作品。后来阿仙和民望都来报喜，说可靠消息，我是意识形态问题，毫无政历问题，故不久可无事解放。岂知直到今天，还是杳无音信。可见拖延得厉害。我已下定决心，从此不再等候，听便可也。好在我有丰富的精神生活，足以抵抗。病假两年半以来，笔下产生了不少东西，真是因祸得福。

张逸心做梦，来沪住了十几天，住在朋友家，常到我家便饭，他本来是中华书局馆外编辑，每月交稿一次（关于戏曲的），得薪五十元，文革后即停止了。他想恢复，东奔西走，一无着落，看来无希望了。他已六十五岁，饭量很好，也许还有好日子。目下儿子（住在石湾）每月送他十七元，勉强度日。他爱吃酒，用烧酒，加一半水，聊以过瘾，可怜。我请他吃绍兴酒，他说是享福。

联阿娘说，邵远贞写信与李先念，替你叫屈，说你因我关系，远放在石家庄，应该出来北京上海当译员。此女如此肯管闲事，倒也想不到。好猫必知其详。

邱祖铭已于我入病院前一个多月死去。其妻不久亦死。二子（双胞胎）情况不明。

曹辛汉尚不知消息，看来也不在了？

阿姐、小明，今日来，五天再下去，已在寻房子，大约下次是“大上来”[注]了。

父字

〔1972年〕八月四日〔上海〕

注：“大上来”，意即上来后不再下乡了。

一三二

新枚：

……

来信提及《秋兴八首》，我嫌其太工巧，少有性灵表现，古人云：“李杜文章万口传，至今已觉不新鲜。”诚然。

此间多蚊，母言，你们无蚊，一大好事，叫咬毛满足些（这是母叫我写的）。

日本田中首相要来。前景大好，且看。

恺字

〔1972年〕八月廿四日〔上海〕

一三三

新枚、佩红：

久不写信了。佩红当了班主任，忙了，小羽好否，念念。

新加坡陈光别要我写一小联，送了五十元来，今分二十元给小羽买东西，明后日汇出。

昨来了市革委二人，同我谈了许久，几乎都是闲话，问病，问房子，问钱够用否？我与母都如实答复。最后说："你的问题快解决了。房子、工资等，那时一同解决。"看来，此次是真要解决了。也许深秋我可到石家庄来。我告那人："我要转地疗养，问题不解决，不好出门。"他答："快了，耐心一点。"

近来万事拖拉得厉害，所以对此事我也半信不信。且看。

我幽居在此，想起与归熙甫项脊轩有点相似，写了一张附给你，文章很好。文中言"蜀清守丹穴"，乃四川一寡妇以炼丹致富，秦王为造女怀清台也。

恺

〔1972年〕九月九日晨〔上海〕

邱祖铭于三年前病死了。曹辛汉八十一岁健在。应人来过了，其妻陆亚雄病死了。

一三四

新枚、佩红：

昨汇出二十元给小羽，想即可收到。

昨市革委来二人，送我六十元，说先补助你，即日正式解决后，恢复原薪二百二十。这是因为上次我说“六十元付房钱及保姆还不够”，所以他们再送六十元来的。可见事情不久解决了。我提出，早点解放我，我可转地疗养，到北方去住一下，病可早愈。他们说“耐心点，快了”。

阿姐日内就要“大上来”，（小明上星期先上来了，在入学。）办公地点在巨鹿路，甚近。但阿姐主张迁居，但迁居不会远去，总在本区内。此是后话。

……

我健康，母眼亦还好，可以写信，做针线。

恺字

〔1972年〕九月十三日〔上海〕

一三五

新枚、佩红:

我记性太差，不知有否告诉你们：前天市革委及画院工宣队二人来，说我六十元不够用，暂时增为一百二十元（当场送六十元，补上月），待中央正式宣布解放后，恢复原薪（二百二十）云云。看来，解放也快了。又说：房屋可设法调整。到底不迁（将楼下人家请出）好，还是迁地好，现正在纷纷讨论中。

阿姐已于前日“大上来”。其办公处即在长乐路富民路口，甚近。她早出晚归。

近需要日本文译者：那市革委人问我能服务否？我说可以量力服务，以后再说。乘便谈起英译日译者缺人，我提到新枚，说此人前曾为外宾参观机器当口译，今在石家庄当工人，未得伸展其能力。如有需要，可以调他上来云云。且看下文。

陈光别寄我五十元，分二十元给小羽，想收到。

恺字

〔1972年〕九月十七日〔上海〕

一三六

新枚、佩红：

昨市革委二人来（他们开头就问我以前是否政协委员，我答言是全国政协委员。大约准备叫我再当），谈房屋问题，我答以一定要迁，但等我子女商定后再告。他们说随时联系可也。原来中央只管[注一]勿宣布我解放，他们弄得厌倦，先把事情弄清楚再说。所以上次加了我六十元，今次来问房屋。大约，所谓头面人物，要同时宣布解放，所以把我也推迟了。但看来日子不久了。

今又作二画，连前共一百四十幅，真要告段落了。此二画乃被评为“不抵抗主义”及“讽刺新中国虚空”者，可笑。今改画一和尚，明示四大皆空之意[注二]。

文彦患肝病，请假在家，常来谈。国庆上海无烟火，不游行。

恺字

〔1972年〕九月廿日〔上海〕

注一：只管，意即一直。

注二：“讽刺新中国虚空”之画，指《只是青云浮水上，教人错认作山看》。当时此画被批判为影射台湾人望大陆虚空如云。

一三七

新枚、佩红：

小羽健康了？念念。

昨阿姐到画院，要求迁房屋。他们（工宣队）说：我的问题不久解决（待田中去后），发还抄家物资，同时进行迁居房屋。又说正在组织统战对象，要我当政协委员。日子很快了，可稍待云云。

看来不久我可到石家庄，或你们来探亲。如果我嫌路途劳顿，不如把路费给你们作自费探亲之用（你们来时，一定不在此屋内了）。我又想到杭州。

抗战八年，文革差不多有七年，我真经得起考验。现在健康如昔。母亦健好，肥肉少吃。多运动。现世长寿者多。文彦在王店租一屋，每月房金一元余，其房东是一个九十八岁老妪。另有二老女，一八十九岁，一七十九岁云云。

孔另境[注一]（茅盾[注二]的阿舅）病死了，是各种病并发而死的。邱祖铭夫妇双亡，曹辛汉八十一岁健在。恐前已告诉你们？我记忆力坏。

不久当有更好消息告诉你们。

国庆无烟火，不游行。我家客人多：阿七，阿英妈儿子媳妇，还有……

恺字

〔1972年〕九月廿六日〔上海〕

近各地来信求画者甚多，大都是文革中被抄去的。

注一：孔另境（1904—1972），茅盾夫人孔德沚之弟。

注二：茅盾（1896—1981），浙江嘉兴桐乡人。作家、文学评论家、文化活动家以及社会活动家。

一三八

恩狗、好猫：

久不写信与你们，天寒，我室十一度，遥念北国，心思黯然。但你等决不会久居北地，不久可以图南，后事难料。此数年北地生活，亦是人生一段经历，可作他年佳话也。

此间，用不满足的心来说，是岑寂无聊，用满足的心来说，是平安无事。我是知足的，故能自得其乐，翻译日本王朝物语（一千年前的），已有三篇，今正译第四篇，每篇皆有十余万言，文革前完成的《源氏物语》（其稿现存北京文学出版社[注一]）有九十八万言，乃最长篇。此等译文将来有否出版机会，未可必也[注二]。

昨有一人来访你，名张天龙，地址是“重庆一五一四信箱”，他是探亲来的，小坐即去。

关于房子，有二派主张，一是另迁，一是不动（三还）。正在考虑。前信言你们返家时已在别屋，未可定也，我随寓而安。

葛祖兰（长于日语），八十五岁，前日由一青年学生扶着来访，老而健谈，言文史馆中有人自杀，有人查出是叛徒，被捕。旧音乐院长贺绿汀夫妇二人皆叛徒，已逮捕入狱[注三]。最近流氓阿飞猖獗，杀人、强奸、抢劫，无所不为。思南路一带，晚九时后匪徒出没，切不可行。

星期日来客多，胡治均、朱幼兰是必来的，蔡介如[注四]亦常来，丁果[注五]来过二次，故乡阿七（雪姑母之女）来住了个把月，前天才回去。母最近小病，诊二次，今已愈，乃贪嘴吃坏，故今后诫其勿多吃肥肉。我经常吃素，唯近日常吃蟹，此物恐北地难得？联阿娘经常来，带着阿至来。宝姐右臂风痛，近常赴医，稍愈，尚不能握笔写字。华瞻下乡，到崇明，要年底上来。菊文吵得可以，幸其母（志蓉）

常常病假，略加管束。

听说，将排演《穆桂英挂帅》，旧戏将出笼乎？不关我事。

匆匆说不尽，临发又开封。

恺字

〔1972年〕十月二十日〔上海〕

听说西安发掘二千年前古墓，中一女尸，不烂，椁内附有许多古乐器，当局叫民族音乐研究所的杨荫浏去研究乐器，杨亦问题未解决者，我认识此人。此人与我一样，解放前在家研习著作，毫无政历问题。但亦与我一样，至今还不解放他。何也！前日朱幼兰言，北京已在发动，年前定要全部定案。且看。

郑晓沧已解放，曾来信。听说一足跛，乃当时在路上，身挂黑牌子，被群童打坏云云，不知确否。

注一：文学出版社，指人民文学出版社。

注二：《源氏物语》和上述三篇（《竹取物语》《落洼物语》《伊势物语》）译作，已于20世纪80年代初由人民文学出版社先后出版。第四篇未见译稿。

注三：乃“四人帮”制造的冤假错案，后平反昭雪。

注四：蔡介如（1913—2007），和丰子恺是至交，在书画、做学问等各方面都受丰子恺很大影响。

注五：丁果，上海放射科专家。

一三九

新枚、佩红：

华启淦君带来物，今上午收到。此人很客气，一坐即去。照相底片当交宝姐印后寄你。

香烟很好，此一条约需五元？你们两人收入一月不过百元零点，“老者不以筋力为礼，贫者不以货财为礼”。你们比我，可算是贫者，所以我不忍消受。但又念，你们节衣缩食，买物送我，其心特诚，殊可宝贵，故领受之。

新枚信昨收到。知小羽健好，甚慰。身体瘦些不妨，小孩小时奶胖，大起来总要瘦些的。探亲的事，以后再说，目今万事难于预料，过一天算一天。

金山卫用日本人，国内需要通日语之人。我曾与阿姐闲谈，新枚颇能胜任，但无法推荐。我的案子不解决，更难设法。据阿姐言，我不久当任政协委员（有赵××者，在开名单，我在内）。那时我就可开口把新枚弄到金山卫去。此虽若空想，未见得不会实现。且看。

近来各地来信索画者甚多，都是说以前被当作“毒草”抄去，所以现在重新来要。葛祖兰（日本文专家）八十五岁，健好，前日来此闲谈。郑晓沧常常来信，脚被人打坏，现在跛不能行云。我明春到杭当去访他。

苏慧纯（宝姐结婚时之介绍人）耳聋，但近来用盐汤洗鼻子，每日二次，耳聋果然好了。母近日亦在仿用此法，想必有效。余后述。

恺字

〔1972年〕十一月二日〔上海〕

一四〇

新枚、佩红：

好多天不写信了。今略有事相告：

（一）阿姐到画院去，问他们，书及画集已出版了（《猎人笔记》在北京再版《丰子恺画集》在上海发卖，每册五元八角，我题签的字帖皆已发卖了），为何不定案？画院工宣队答言：他们亦盼望早解决，因为账早已算好，只等上头指示，立即交还物资。但他们只管"定性"，无权管"定案"。因我是"头面人物"，须中央宣布定案。他们已将"性"报告中央，所以书都出了。但何日宣布，他们也不得知。

最后慰我们说“快了快了”。

如此我也安心了。性既定，则大事已定。迟迟宣布定案，且耐性等待，想来不会太长久了。我在此，眠食俱佳，身体很好。来客甚多，多年不通消息者，今皆已来访。

（二）新加坡一商人来访，索画，送我一百元，九龙的胡士方也送年礼四十余元。我将一半送小羽买营养品，前日汇出，想收到。那一百元，我拿一半（五十元）送阿姐与小明，她也受了。所以你们千万不要回敬我东西，回敬了我反而懊恼。

（三）王星贤（马一浮先生之学生，我的好友）之长女王忠（均蓉）前日来访，她住石家庄，京字一一四部队（在何处我未问她，想可打听），近出差来沪。她买了罐头鱼送我，谈了很久，言其兄王均亮，文革中受冲击甚苦，其父因不任职，平安无事云云。

你们有便，可去看她，称她“均蓉姐”（阿姐如此称她，在贵州[注]和她很熟的）。在石家庄多一亲友，也是好的。

恺字

〔1972年11月〕七日〔上海〕

注：贵州，应为广西宜山。

一四一

新枚、佩红：

首先：新枚将杭州寄你的《缘缘堂续笔》寄还我，我想删改一下，也许将来可以出版[注]。我译的《猎人笔记》已在北京重版了。以下闲话：

元草及其妻、女（门惠英、立云）于昨日来此，宿在三楼小房中（阿英妈让出，住在阿姐房了）……惠英很胖（在北京管什么仓库，路上来往要费三小时云），为人很好，立云像青青那么大，但火车买1/4票。他们要住约十天，还要到杭州去云。

佩红担任了班主任，忙了吧？又要管小羽。我常梦见你们都回来，在此工作了。希望梦变成真。

昨日吴朗西、柳静来。吴做半工，与阿姐同事，也六十九岁了。

母听苏居士的话，天天用盐汤洗鼻子（吸进去，从口中吐出来），耳朵、眼睛果然好些。苏二三月前来看我，要把椅子拉近来听话（耳聋），前天来，不聋了，是盐汤的效果。

郑晓沧来信，给一吟的，寥寥一行半，只问“令尊安否”。我亲复了。他又来信说：有刘公纯者（马一浮先生的学生），在杭州盛传我已死了，造成这误会。这在我是替灾免晦的，已经假死过，不会真死了。余后述。

恺字

〔1972年〕十一月八日〔上海〕

注：“文革”中写成的《缘缘堂续笔》已于1992年编入《丰子恺文集》文学卷。

一四二

新枚、佩红：

今日（十二月卅日）画院工宣队人来，告知我，我已于上周五解放，作为自由职业者，内部矛盾。

工资照长病假例，打八折，电视机嘱即去领回。房屋亦将全部还我[注]。抄家财物，过年后，可派人去领回云云。

先此告知。余俟续详。

恺

〔1972年〕十二月卅午〔上海〕

你们乔迁，房间多了，将来我来住。房钱多出四元无妨。

注：当时所谓“解放”的审查结论是：“不戴反动学术权威帽子，酌情发给生活费。”所以实际上工资并非按长病假打八折，只是为安慰新枚而如此说。被占的房屋亦无归还之说。

一四三

恩狗、咬猫：

电视昨夜开始在三楼放映。弄堂里的人知道了，都要来看（弄内只此一只），我们都不拒绝，所以晚上很闹。

阿姐正在向画院算账，日内即可结清。届时再有信给你们。

恺字

〔1973年〕一月八日〔上海〕

一四四

新枚、佩红：

读来信知佩红身体不大好。我们（包括母与阿姐）之意，要就地雇一劳动大姐（本想由此地雇来，但不如当地雇好。不知有否。）管小羽，勿叫上托儿所。不久我有一笔钱给你们，此款，足够劳动大姐工资之用。

我的钱至今尚未算清归还（听说因为原经手人生病），但不久一定还我（都由阿姐去交涉）。

三楼电视已开了一星期，效果很好。邻人来看，我们都允许。

我每天下午出去跑跑，练练脚力。前天同小明跑得太远了，路上（在人行道上）跌了一交，里委会的人扶我回家，以后不跑远了。过春节后，想到杭州去，春末夏初，想到石家庄去。

恺

〔1973年〕一月十三日〔上海〕

一罐三五牌香烟，老早说，等我问题解决了吸。现在还藏在橱里，明春我到石家庄来和你同吸。其实恐不及上海牌好。

一四五

新枚、佩红：

今日阿姐到画院，带了四大箱书画来。从前抄去的，都还来。

存款要等春节后原经手来，如数发还。至于扣发补不补，正在打报告请示。阿姐说："既是内部矛盾，大家都发还的。"他们说："可能发还，但不一定。"如此看来，至少，存款是一定发还的。

新枚履霜坚冰，生怕国家经济紧张，要节约起来供养××××等，这也有理，但现在还不能说定。总之，他们解放我，使我精神愉快，亲朋都为我庆贺，此精神上的收获，已属可贵。"皇恩浩荡"，应该"感激涕零"。少收回些钱，终是小事。

余以后再告。

恺字

〔1973年〕一月廿三日〔上海〕

前挂号寄出画卷，此乃最后一批，暂不再画。连前共有一百七十一幅，你可封起来，闲时欣赏。

一四六

新枚：

今天已是正月初三，此间春假还有明天一天。

今年过春节，非常隆重。不独我家，一般人家都很体面。我家除夜拿除夜福物[注]，猜谜，一直闹到夜深。小羽很兴奋，除夜福物拿到一本小册子，别人又送了他许多玩具。

我身体健康。日饮白兰地一小瓶。上海的白兰地卖光了，我全靠有人送来，故不缺乏。

阿英妈的儿子结婚，她回去了。近日阿姐等自己烧饭，反比阿英妈在时体面。上海菜馆，停二天，今日（初三）开市。今午我家共十一人（联娘在内）将到“复兴”去吃中菜。一定很挤，要早点去。咬猫回石时，小羽不会不高兴，换换环境，小孩都喜欢的（夏天你带他来，他可常到上海）。

我有上等白兰地一瓶，母有奶粉一罐，将交咬猫带石。

文彦来，送我乡下白酒（米酒）一大瓶。初一初二，客人很多。余不赘。

恺字

〔1973年正月〕初三〔2月5日〕晨〔上海〕

电视，书物，都还来。略缺几册，不要了（存款七八千元是肯定还的）。现在问题是以前扣发工资（本来二百二十元，后来减为一百元，又后来减为六十元，最近增为一百二十元，总算起来扣发的有好几千元。长病假打八折七折云）是否算还，他们已向上级请示。有也好，没有也好，我不计较了。

注：除夜福物，是丰子恺创造的一个名称。拿除夜福物，即除夜交换礼物。

一四七

新枚：

我交好猫带去五百元，其余在上海他日你们来领。低工资的（如阿姐[注]）我都分赠，所以你必须认为应得，不可推却。

小羽入托儿所，实在不忍。最好雇一个人，在家管他。管两年，即可。我给你们的钱，就用在这上面可也。

恺

〔1973年〕二月十一晨〔上海〕

归还的画，除给胡治均数小幅外，余凡五六十幅，皆裱好者，尽归新枚。暑中来取。字给华瞻及阿姐了。

注：终于推却未受。

一四八

新枚、佩红：

来信收到。小羽进托儿所，我们终不放心。想找一个保姆去管他，但不行。因为此地的人，要吃大米，你们自己都没得吃，如何供给她？所以，只有你们那里找人，管过两年，就放心送幼儿园了。托容大娘找找看。

师大的事有希望么，念念。

此地一切情况都很好。勿念。

〔1973年〕二月廿一日恺字。

一四九

恩狗、咬猫：

我久不给你们信了。我近来真是享清福，天天没事，随意饮酒看书。只是你们一家远在石家庄，不免挂念。但“世事茫茫难自料”，日后的变化真不可测呢。这且不说，谈谈些正事。

中日邦交日趋亲热，北京有人提议刊印《源氏物语》。因为这是世界最早的长篇小说，我费五年译完，共一百万字。于文革开始前半年完成，其稿存北京文学出版社。近有人传言，要拿去刊行，因日本人非常重视此书，若有人毁谤《源氏物语》，他就与你绝交云云。往年日本人来上海，我告诉他们我在译《源氏》，他们就深深地鞠躬，口称“有難う御座います〔谢谢〕”。日人之重视此书，于此可见。此书用古文写成，我买了四种现代语译本，每看一句，查四种现代语，然后下笔。此书在文革前半年完成，也是天遂人愿。设想：译了一半就来文革，变成“毒草”，那就不能完成了。北京的消息，由王星贤、孙用（文学出版社人员），以及志蓉的阿姐（北京图书馆人员）来信告知，看来是千真万确了。此书我曾收过六千元稿费，以后有无，全不计较，只要出版问世，心满意足了。

我定于春分后三月廿五日，同胡治均到杭州（他有积假七天，连两个星期天，共得九天）。拟多住几天，在那里，早上修改《续缘缘堂随笔》[注]。修好后，一定先给你们看。

再写些琐事。

我每星期日到附近红房子吃西菜，吃点菜，一只奶油鸡丝汤，一只烙鸡面，一盆杀拉〔沙拉〕，不到二元。

薛佛影来过了，吃些苦头，现已无事，退休工人，每月可拿九十一元。万竹在北京，生活不够，常要爷补贴。

我去看曹辛汉，八十二岁，健在。后来他来访我，说了许多“不是”（口头禅）。

隔壁平平（在黑龙江）回来了，常来同阿姐闲谈。……

曹永秀也常来。她的丈夫前年……死了，也剩下两个男孩子。此人乐观，永远是笑嘻嘻的。秋姐也有两个男孩子。都很不幸。

友好大厦中，有一女讲解员，入女厕所。有一坏男子跟进去，企图强奸，未遂，女的被打开了头。坏人逃去，寻不着。此等事件，不一而足。有一十七八岁的男子，强奸两个妹妹，又强奸其母，母吊死了。前天弄堂里有人喊

打，后来听说，两个十六七岁的男子，互相打架，头都打破，到医院去医治云云。他们身边都带刀。扒手之事，时有所闻。不写了。

恺字

〔1973年〕三月十二日〔上海〕

注：《续缘缘堂随笔》，后改名《缘缘堂续笔》。

一五〇

佩红：

新枚之近况，我已在吟信中得知，此事甚好，只是你一人管小羽，太吃力了。能否照我以前的想法：雇一保姆？钱千万不要计较，这里用不完的（新枚脾气古怪，不肯用我的钱，其实错误，现在，只要是正用，大家通融）。

我到杭州去了一星期，胡治均陪去，照顾十分周到，竟像照顾小孩一样管我。我的脚力也操练出了，以后到石家庄，不须人陪了。满娘八十三岁，甚健，吃的（得）比我多，看来可以长命百岁。软姐和维贤都竭诚招待……杭州供应极差：馆子无好菜（西湖醋鱼吃不到），交通工具难觅。

不可久留。我身体健好，尽日闲居休养。余后述。

恺字

〔1973年〕四月二日〔上海〕

一五一

佩红：

我们全家人和你母亲的意思，劝你设法辞去教职，改在药厂中当工人。因为你身体非常不好，如果不胜教课而弄出病来，公私两方都受损失。

望你同新枚商量，设法向厂方申请，务求取得成功。

此间大家安好。

子恺〔1973年〕四月四日

一五二

新枚：

你的近况我已知悉。我有一点希望：在你出国期间，佩红体弱多病，不能独管孩子，可否申请让她暂回上海？

恺〔1973年〕四月八日

一五三

新枚、佩红：

在枚给阿姐信上，知道你们近况，甚慰。我寄照片一张给你们，是在杭州灵隐摄的。

此间近日杨花飘荡，穿门入户，说明春色已老，行将入夏。我身体健康，酒兴甚好。吃白兰地。

阿姐将因公赴北京，约十来天。为的是编日本文教科书。

昨夜蔡先生[注]请我吃西菜，在“天鹅阁”，现已改为“淮海饮食店”。吃红焖鸡、奶油鸡丝汤。油太重，不宜多吃。

近来素不相识之人登门求画者甚多，来意至诚，我也不便拒绝。每晨替他们画。有两幅，好看，附给你们。

曹辛汉于前日逝世，享年八十四岁，明日火葬，阿姐代我去送花圈致吊。

……

〔1973年4月，约23日，上海〕

注：蔡先生，指蔡介如。

一五四

佩红：

你父亲来，将你们近况详细告诉我了。新枚此去，很好。可有出头。只是你一人管小羽，又要工作，太辛苦了。深恐弄坏身体。

现在我们商量：暑假已近，你暑假带小羽返上海，下半年的事，再从长计议。一定可使你们安定。暂时忍耐！

此间一切如旧，大家安好。婆婆带了南颖青青到石门去，昨天回来，带了许多食物来，今天你父母来吃午饭。

〔1973年〕五月四日 恺字

一五五

新枚、佩红：

我确有长久不写信给你们了，害得你们挂念，打电报来。电报于廿三日（星六）下午二时收到。五时即由华瞻发一回电，想必于星日早上收到。

近来家中平安无事。我身体健康，晴日必出门散步买物。早上为人作画写字，笔债堆积。母眼照旧，耳朵近来就医后，好些。身体很好。我们劝她少吃肥肉，我则经常吃素。听了某医生的话，早上吃盐汤一大碗。效果很好。大便畅通，不吃大黄亦行。

房子问题未定。但情况良好，他们劝我们另迁他处较大房屋，可以招待外宾。阿姐正在选择[注]。

恺字

〔1973年〕六月廿四〔上海〕

暑假将到，你们两人都回来，最好。旅费，我给你们的钱可用。

注：并无此事。

一五六

新枚：

你几次信都收到（石〔家庄〕三封，沧〔州〕一封），我们都好。我暑天不出门，在家饮酒。近有“特加饭[注]”，甚好，酒味好，反应甚好，令人身入醉乡。

你的长信（给阿姊的），都给联阿娘看过。

我懒得写信，匆匆不尽。

恺字

〔1973年〕八月廿四下午

注：指特级加饭酒。加饭酒属半干型黄酒，用摊饭法生产。

一五七

新枚：

家中一切如常，无可写告。母耳好得多了，但眼仍不明，奇怪，不戴眼镜可以看报，但五尺之外看不清楚，常把人认错，闹出笑话。

自从书展之后，我的书名大噪，求字者络绎不绝。昨天有人求写立幅，磨好了墨，装在小瓶里送来，也算诚意了。然而宿墨不能用，隔夜如黑鼻涕，只得倒在抽水马桶内，另外磨过。

十大胜利闭幕，此间通夜游行，敲锣打鼓，到今天还有游行的。新贵登台，必有善政，且看。

你到沧州后，咬毛忙了，小羽也落寞了，但愿不久团聚。人事变化无定，且抓紧目前。你在沧饮食良好，甚慰。我现在早上饮盐汤已习惯，大黄废止，大便亦畅通。语云：“朝吃盐汤如人参。”

今天星期，但阿姐及华瞻哥上午仍去开会，讨论十大。十一点钟回来。

蟹已吃过三次，以后将多起来。联阿娘、秋姐、先姐送来。很小，聊胜于无。

近饮“特加饭”，色香味及反应均很好。每瓶（一斤）六角五分，瓶值一角，不贵。

恺字

〔1973年〕九月二日上午〔上海〕

一五八

新枚，佩红：

我空闲无事，做一个照相架，给小羽。此外，一切平安，无事可告。

恺〔1973年〕十月八日

一五九

佩红：

我托北京友人刘桐良买巧格力〔巧克力〕寄你，给小羽吃（上海甚多，但不能邮寄）。

收到时你写信告我，我可告慰刘君。新枚的情况，他有信详告我们，我们顾不得，听他自己对付。眼光要长，有的坏事会变成好事。

附花纸一张给小羽看。来信告我“花纸收到”可也。

恺字

〔1973年〕十一月二日

咬南、细毛都已走了。细毛到遵义，比新疆好得多了。咬南的男小孩强得很，能从地上爬水落管子到楼里窗进来。你母烦劳得很。

一六〇

新枚：

你与阿姐信我都看过。关于你的事，我无可赞词，由你自己去应付。眼光放得长，有时坏事会变好事。

你已熟达打字机，很好。我往昔也爱弄这个，“丁”的一响，叫你换一行，很有趣味。近日我的钞票用不了，想买一架打字机送你，但不知何处买，有何手续。你打听来。

昨我有信与咬猫，托北京的朋友买巧格力寄小羽（上海不能寄出）。

恺字

〔1973年〕十一月三日

此间大家健康安乐。

一六一

新枚：

姊到外滩去看打字机，新货须公家单位可买，旧货私人都可买，各色各样，价百元左右。

春节希望你们来此（以前我给你们的钱，即作旅费），你自己去选购。我贮款以待。

上海已入严冬，室内10度。

恺字

〔1973年〕十一月十九日

有人以中药方献毛主席，饮之可活140岁。朱幼兰已替我去买，实时开始服用。

寄重南[注]款已收到。

注：重南，指上海重庆南路三德坊，新枚的岳母处。

一六二

佩红：

花纸一张，是给小羽的压岁钱。在重庆、贵州的，春节都来探亲[注]。有的公费，有的自费。石家庄比他们近，你们不来，实为遗憾。

但你们怕冬日旅途困苦，要在家休息，也是好的。明年暑假多来几天，也是好的。

我们大家健康。我只觉茶甘饭软酒美烟香。婆婆少吃肥肉，身体也好。

〔1974年〕一月十四日恺字

注：指亲戚中的后辈探其父母。

一六三

新枚、佩红：

我建议：日内佩红请事假，送小羽来上海。住在联娘家，生活费你们自会供给。联娘身体好，且爱小羽，愿任其劳。此间各人都赞成这办法。一吟已有信告诉你们，我再强调一下，希望成为事实。一二年后，小羽长大了，再作计议。

恺　一九七四年二月廿四

今天此间大雪

一六四

新枚：

我久不给你信（我不知你在何处，此信交咬毛，给咬毛同看），你来信我都看到。我们议决：叫小羽来上海住一二年，再还给你。不知你们同意否，念念。

我身体甚好。眠食俱佳。自知可与新丰老翁比赛。新丰老翁八十八，还能由“玄孙扶向店前行”，可知其享年必在八十八以上。我今七十六岁半，来日方长。“万物静观皆自得，四时佳兴与人同”。

咬生（已三十七岁）前天结婚，在红房子请吃西菜。其妻是个演员，与咬生门当户对。暂住在秋姐家，不久同返福建，但非同地，相距稍远。亦牛郎织女耳。

上海正在“批孔”高潮。我也写了一张大字报，去画院张贴。我写了小字，他们代我写成大字报，说是省我劳力。照顾可谓周到。

我现在日长无事，看《三国演义》，饮酒。来索字画者甚多。但我多写字，少作画，写字用鲁迅诗，画总是《东风浩荡，扶摇直上》（儿童放纸鸢），或者《种瓜得瓜》。上海书法展览会中展出了我的字，于是我的书名大噪，求画者少，求字者多，我很高兴。毕竟写字少麻烦。

今天是惊蛰。桃花开了，但此地看不到，室内十七度。“二十四番花信后，晓窗犹带几分寒”。

上海的文艺人士，有几个很不像人。造假书画，授徒取利，可笑可怜。……

阿姐依然做个积极分子，早出晚归，还要加班，拿四十块钱，劳而不怨。小明很能干，现二年级，起劲上学。不过动作暴躁，“烧香带倒佛”。华瞻照旧，志蓉常请病假，血压高。阿仙提早退休，多病，长久不来了。宋慕法久不见面，若无其人。余后谈。

恺

〔1974年〕三月六日〔上海〕

一六五

佩红：

新枚大约即将回石，此信你看后留给他看，下面说的是上海等处文艺界近况。

北京有个画家，是林派，画一个树林，下面三只老虎。——意思是“林彪”。

又有一画家，画一个弹琵琶的女人，题曰“此时无声胜有声”。此人曾入牢狱，此画上一句是“别有幽愁暗恨生”。借此发牢骚也。

有一工厂中，贴一张大字报，说我的《满山红叶女郎樵》是讽刺。红是红中国，樵取红叶，即反对红中国。然而没有反响。见者一笑置之。由此，我提高警惕，以后不再画此画，即使画，要改为《满山黄叶女郎樵》。

……

北京的名画家李可染、吴作人等，向一个外宾发牢骚，说画题局限太紧，无画可作，此言立刻在外国报上发表。

浙江各地不安宁，温州尤甚，简直在搞复辟。杭州常常发生打杀事件。法国总统ポンピドウ〔蓬皮杜〕到杭时，

有人埋设定时炸弹，幸而被人识破，没有伤及总统，但炸死了一个服务员。

唐云画一只鸡，又被批评：说眼睛向上，不要看新中国。但也无反响。

此种吹毛求疵的办法，在文革初期很新鲜，但现在大家看伤了，都变成笑柄。

此外种种，我也懒得多写了。

我身体很好，每日吃一斤半酒，读日本小说作为消遣。母亲身体也很好，只是耳朵不及我好，七底八搭[注]。好在有阿英妈服务，家中事事妥帖。关于房屋，公家不谈了，我也不再要求，反正现在够用了。楼下的人家，相处甚睦，子女都是同学，互相往来。南颖、青青，都做大人了。只有男孩菊文，不进幼儿园，在家做“无业游民”。他的父母不着急，我也不管。“不痴不聋，不作压家翁”。

恺字

〔1974年〕四月廿四日〔上海〕

……

注：七底八搭，丰子恺家乡话，意即：说话做事没有条理，七颠八倒。

一六六

新枚:

久不得你们信，甚为挂念。此间一切都好，盼望你们三人暑假来探亲。新枚可亲自去选购一架打字机。

恺 字

〔1974年〕六月十二日

一六七

新枚:

来信语重心长，我很感动。此次为巩固文革成果，上海又开批判会，受批判的四人，我在其内。原因是我自己不好，画了一幅不好的画给人，其人交出去，被画院领导看到了，因此要去受批判。但很照顾，叫车子送我回来（上海现在三轮车绝少，三轮卡也少）。第一次在画院，不过一小时，一些人提出问题，要我回答，我当然都认错，就没事。送我回来，外加叫一个小青年骑脚踏车送来，防恐我走不上楼。第二次在天蟾舞台，那是听报告[注一]，不要我回答，不过报告中提到我的画。这次南颖陪我去，他们叫三轮卡送我回来。事过两月，我的工资照旧一百五十元，“内部矛盾”的身分也不改，你可放心。

自今以后，我一定小心。足不出户，墨也不出户。真不得已，同阿姐等商量过行事。我近日正在翻译夏目漱石的小说，是消闲的，不会出门。每天吃酒一斤半，吸烟一包半。近日已有蟹，吃过几次了。

徐××[注二]来访，我适当地应付可也。

胡治均、朱幼兰每星期日来访，他们都很关怀我，和你差不多。戚叔玉[注三]也常来，也很关怀我。

你的情况，我也知道些。我劝你：对人态度要好，有些事敷衍一下，不要认真（此信看后毁弃，千万不要保留）。

以下讲些别的事情：

此间有英文打字机，我想买一架送你，要等你自己来选定。不知你何时可来。咬毛和小羽一定要来。

有一个上海点心店的工人，叫卢永高，工作是做面做馄饨，但爱好书法。他的儿子也热中于书法，常常来请教我。另一儿子在钟表厂工作，会修表，给我修过几次。

有一个人从洛阳来，向邮局探得我的地址，来求写字，我写了毛主席诗及另一幅白居易诗给他。

文彦难得来。上周来，带一包田鸡（青蛙）给我，我不吃，让他带回去。芬芬在幼儿园，宜冰（与小羽同年）在另一幼儿园，易子而教。

蔡先生[注四]已退休，准备游黄山。夫妇二人，退休工资共一百零点，生活紧张，但他很满足。家中养鸟三十几只，每月也要供给好几元。

有一个人在杭州放谣言，说我死了。害得许多朋友来信给华瞻、一吟，问我健康否。我亲笔写回信辟谣。我到今年阴历九月廿六，是实足七十七岁[注五]。现在百体康强（只是右足行路不便），看来当比章士钊寿长（章九十三岁死在香港）。

海外极少通信，大都不复。香港《大公报》（是党办的）的记者高朗，有时来信，问候而已。

恺字

〔1974年〕七月十一日〔上海〕

注一：听报告，其实是开批判会。

注二：徐××为“文革”中上海美术界以打人出名者。

注三：戚叔玉（1912—1992），书画家、碑帖收藏家和鉴赏家。

注四：蔡先生，指蔡介如。

注五：七十七岁，应为七十六岁。

新夏、此间一如平常，无可相告。外间[界]盛传"三还"（还房子、还工资、还存款和物资），但只闻楼梯响，不见人上来。"拖还"仍大有厉害。只有耐性等候。今日弟纳兰来，谈起近事，也不过如上述。他说我们要多多忍耐，姑安顺之。照他所言，则全已停发每月三百元云云。不知确否。我身体很好。天天肄解消暇耳。

一九七二年五月六日 以大字

1972年5月6日

1972年6月22日

1972年5月19日

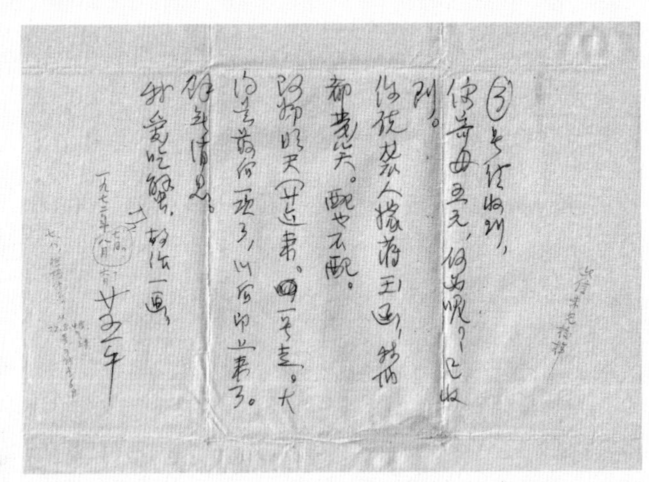

③七信收到，

你寄母五元，均如嘱，已收到。

你说㤅人撰蒋王画，我猜都要笑。配也不配。

路都明天（廿五）来。画一些去。大约其余的一项了，以后即可来了。

余无消息。

我爱吃蟹，好作一画。

廿五午

1972年6月25日

东坡尝携妓谒大通禅师，师愠形于色。东坡作长短句令妓歌之：（词）师唱谁家曲？宗风嗣阿谁？借君拈板与钳锤，我也逢场作戏莫相疑。溪女方偷眼，山僧莫皱眉。却嫌弥勒下生迟，不见阿婆三五少年时。（见白香词谱）

言师採药去的师字开头的五言句，我想出了，如上。

1972年7月2日

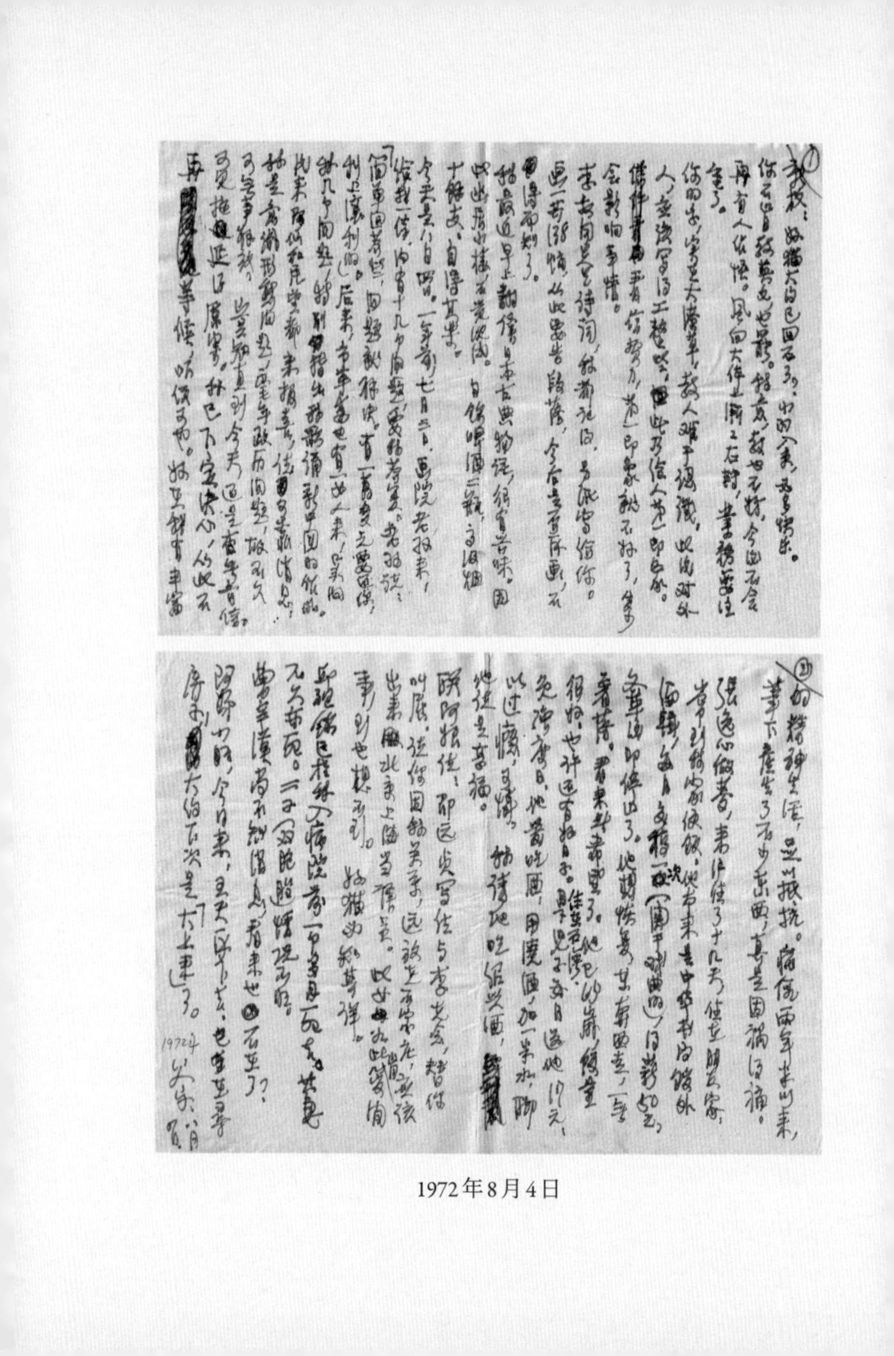

1972年8月4日

路莹：元草来信，态度诚恳，你来信催促已难。自今日起，我已翻然改悔，去掉前嫌，对父子如常。你可函告元草，随时来探亲，我都欢迎，一例招待他一家。内东芙嬉，慧时（此次）他也有助力。所谓“家有贤妻，夫不遭横事”也。“不痴不聋，不作阿家翁”。况我年已七五，只宜闲散自娱，何必计较身外之事。惟前嫌亦须回顾一下：我的确不曾疼爱过元草。为的是此人顽傻，不可爱。顽傻之原因，归结于催眠术。你们得知：在乌之巷新居中，有顾姓者，擅催眠术，为元草施行。用六节骨牌凳，叫他枕头，枕腰，枕脚，在他脑上摩掌一击，元草入睡，便抽去中间枕腰之凳，而元草僵卧不坠。当时看客甚多，拍掌称“此事不损害（大）伤身体”。我今回想，此实使其顽傻之原因。亦即使我不疼爱他的原因。文革中他对我的行为，正是报答我对他的不疼爱。“士可杀，不可辱”，我自命为“士”，对辱比杀还恨。其安段及其母是要报仇的，所以我已不悔，而我不易悔悟。你说外人（没有你）检讨（会议），使我被斗者有恨人的自由。我恨人至今，被你和他的两信所感动，就已与仇两忘，前嫌尽去，你转告元草可也。

又有娟者：你说今后我不会再老有信。倚怒，我决不会希望原居高位，倚势凌人。我本来早自有其，被人利用，继迫我去高位（当美协主席，画院之长等），非我之性后方才有名也。今后但望不理睬我，或许我还可利用老年余力，为人民服务也。多年来子女们、亲友们对我的物质上、精神上的帮助，我永不忘怀矣。

[illegible]

1972年8月15日

新枚：我把之华的信寄你看。我回他的信，
大约一时已寄你看了么？总之，此事已瓦解
冰消，我容许他来探视，前嫌尽消。
不念旧恶，就是用《论语》。
书信提及我写八首，我嫌其太■工巧，古有
佳处要素朴，古人云："李杜文章万口传，
至今已觉不新鲜"做到。
此间多蚊。母亲，你们无蚊，一大好事，叫晚毛
满足些。（总是要叫孙伯伯的）
日本田中首相要来。前景大好，且看。
恺字 8月廿四

1972年8月24日

新枚、佩红：

我记性太差，不知有否告诉你们：前天市革委及画院工宣队二人来，说我的60元不够用，暂时增为120元（当场送60元补上月），待中央正式宣布解放后，按原薪（220）云云。看来，解放也快了。又说：房屋可设法调整。我底不迁（好在楼下人家借出）好让吾迁地方，现正在修缮中。

阿姊已于前日（大）来。其女出嫁即去吉林路，当晚治吃，甚适。她早出晚归。

近需要日本文译者，那市革委人问我能否，我说可以尽力服务，以后再说。乘便提起英语日语我亦能，我推荐新枚，说此人有多种外语，参观机关当口译，今在石家庄当工人，未得伸展其能力。如有需要，可以调他上海云云。且看下文。

海光新寄我50元，分20元给山明，想收到。

（1972年）九月十七日 恺字。

1972年9月17日

新枚、佩红：

今日（十二月廿九）画院工宣队人来告知我，我已于本月上旬正式解放，作为自由职业者，属内部矛盾。

工资照原长期做付，另外补，电视机明日即去领回。房屋要将全部退还。书家具好，过年后可派人去领回云云。

先此告知，余俟续详。

恺（1972年）十二月卅日。

你们希望，房间多了，将来来时来住。房能多出四元也好。

1972年12月30日

1973年2月11日

1973年2月21日

1973年3月12日

佩红：

我们全家人和你母亲的意思，劝你设法辞去教职，改在药厂中再当工人。因为你身体非常不好，如果不胜教课而弄出病来，公私两方都受损失。

望你同新枝商量，设法向厂方申请，务求获得帮助。

此问大家安好。

子恺 1973 四月四日。

1973年4月4日

新枝：

你几次信（五三封、眉一封）都收到。

我们都好，我暑天不出门，在家饮酒。近有门生加饭，甚好，酒味好，反应甚好，令人身入醉乡。

你的长信，已给[illegible]都给院内娘舅看过。

我懒得写信，无不要。

恺书 1973年 八月廿四下午

昨接[illegible]福电报 蒋大伯死了。跌了一交，血流到肚内，大小便不通，开刀后，隔了一星期死了

1973年8月24日

1973年9月2日

新枚、佩红：我建议，由佩红请事假，送小羽来上海。住在娘娘家，生活费仍由我供给。娘娘身体好，且爱小羽，能任其劳。此间各人都赞成此办法。一吟已有信告诉你们，我再强调一下。希望成为事实。一二年后，小羽长大了，再作计议。

恺。一九七四年二月廿四日

今天下大雪。

1974年2月24日

新枚：久不得你们信，甚为挂念。此间一切都好。盼望你们三人暑假来探亲。新枚又想自去选购一架打字机。

恺字。1974年六月十二日

1974年6月12日

1974年4月24日

新枚：想已回去，小羽可暂不送托儿所，（晓毛可以看看也）甚好。我身体尚好，酒量如旧。母亲也照常到附近红房子吃西菜。母亲也健康，前天同晓鸿娘到宝姐家吃饭，游公园。三轮车本来没有，现在又有了。可见大众需要，无可消灭。我没有利用三轮车，因无需要。近来也翻译（日本文）消遣。自得其乐。如遇者大都谢绝，本不看画，学毛诗求学。有些人神经过分敏感，且会鸡蛋里寻骨头。前些时我受批判，主要的是为了一幅"满山红叶女郎樵"（上次给你信，曾提到一幅不大好的画，即此）。盖因红叶代表红色政权，被女子樵也。批判的主席说得很巧妙，说"这是辟风气也"。我当然接受，说此后不画（免引起误解）。但此画实在好笑。但细想了，道理也不错。文革中我已承认我的画都是毒草。如今再画，便是否定文化大革命辉煌成果，罪莫大也。世间有一种人说毒草为香花，什么珍藏。对此种人，我还是乐顾画给他们珍藏。古人云："文章千古事，得失寸心知。"画亦如此。

晓鸿娘常来，关心晓毛及小羽，得你伎甚感。晓毛体弱，又要上班，又要照顾小羽，其实吃不消。总要想个善策。

胡治均常来，对我很有帮助（买物等）。朱幼兰长女之后，不曾来过。其母八十六岁，患乙型脑炎死了。陈希吉道花园。若非此病，此老妪可活到百岁呢。她天天常动上街，拖地板，做黄鱼好（吃净素）。乙型脑炎即大脑炎，新枚小时也患过（抗战胜利那年）。并非致命之病。大约此人抵抗力差之故。

国庆节快到了。恐怕不会有假期。春节上希望你们三人都来探亲，旅费算我的。我现在有钱多处用。能在你们身上花些钱用，我衷心欢喜。你们若不接受，我反而不安也。不多写了。

九月四日

一本练字本都可勤写，正宜在你处，也有挂号寄来。

1974年9月4日

1975年4月2日

新枚：与宝娟信我已看过。你送妻子入京，端居多暇，作此嵌字诗，亦是一乐。时人对你评判甚好，深为喜慰。不推怪别人，亦是厚道存心，无伤也。我一向老健，读诗写字消遣，今天写二纸，附寄与你，聊以示也。此间来客多，闲谈笑乐，聊可慰情。母亦健康。姊仍多忙。嫂志蓉陪同赴北京省亲，须二十余日还来。我日饮黄酒一斤，吸烟一包，可谓诗酒尚堪驱使在，未须料理白头人也。

乙卯立秋前十日 恺示

1975年7月29日

一六八

新枚：

此间一切平安，今将情况写告一二。华瞻一家五人，都到北京过夏，只志蓉一人先回，余人尚未归。小羽很有兴味，日间同小明玩，晚上看电视。前天咬毛生日，大家到红房子吃西菜，连联阿娘家共十余人，只吃二十元。可见上海供应很好。小羽紧跟着娘，打勿开骂勿开。阿姐照旧很忙，但夏天晚上不开会，回家尚早。母身体很好。前天全家去游长风公园，电车来去，她下上也不吃力。我怕出门，经常在家。每天三十三度，热得要命。我只是坐在电风扇旁吃啤酒。三十三度已继续了六天，今天小雨，看来可以转凉。八月八日立秋了。

丁雯之母来看咬毛，送小羽一支枪，一段衣料。

……

上海发生一反革命案件，其人写反动信，写在糙纸上。母昨天去参加开会讨论。我没有参加。

上海花样很多：某处有个"瘪三"（即女流氓）被人杀死，切成十几块，抛在各处。至今未破案。

又有一男子，躺在公共汽车后轮下自杀，身上自写“自杀”二字，免得连累司机坐牢。听说是为了家庭问题。

闸北某处，新造房屋，工作中坍下来，压死压伤了百余人。内有冷饮，有人去揩油吃冷饮，压死在内。有工人出去小便，免于死。

我近来很清闲，早上精神好，翻译夏目漱石小说，作为消遣。很难得破例为人写一张字（毛诗），画绝对不画。

恺字

〔1974年〕八月七日晨〔上海〕

一六九

新枚：

你用繁体字写的信，我看看很省力。大约你太空，所以细细地写信。心电图，数年前做过，是“传导阻滞”，不重要的。现在再去做，恐怕还是如此。我同大家商量，认为此事暂缓。因我此次气喘，全是中暑之故，同样毛病的人很多。现在气喘早已停止，走三层楼上下（去看电视）亦不气喘。可见身体已复健。现在去看病，无病呻吟，挖肉做疮[注一]，反而引起心理作用。今年夏天特别热，室中三十三度继续十余天。我在电扇旁吃啤酒，浑身是汗。现在已渐渐入秋，秋老虎也厉害。早夜凉，日中热，我饮食十分当心。病从口入，我基本蔬食，不会生病。

咬毛和小羽大约廿二三中离沪，正在买车票。她要先到郑州[注二]，再回石家庄。希望你早日回石。小羽还小，而且头脑灵敏，须有父母同住才好。石家庄的托儿所花样少，使他精神萎顿，怪可怜的。你争取回石。

春节你一定来探亲，咬毛小羽最好同来。多花些钱，实在不成问题。我与母都有储蓄，毫无用处，尽可供你们自费探亲。我收入一百五十元，尽够开销。存款无用，存行生息。可知现在的经济，与过去不同。人生除了生活费之外，钞票竟无用处。此乃好现象，使人不须操心钱财，获得长寿健康。

吸烟，有个关键：只是喷出，不吸入肺，只是闻闻香气，亦可过瘾。我经常如此。你说一天吸半包，是不够的。照我的办法，吸一包亦无害。

人身是一架机器，不乱用，不损坏它，它就可保长年。我深明此理。故每日饮食有定时定量。今年七十七岁，耳聪目明（老花不算），比母健全。上月来了一个周其勋，是我的同学，是华瞻（在广东时）的同事，从南宁来，住在他女儿家，曾来看我，我也叫华瞻送糖果给他。此人比我大九个月，但耳朵不便，华瞻对他说话很吃力。此人爱吃肉。其实老人是不宜吃肉的。古人说“七十非肉不饱”，是害人的话，应该批掉。现大家批孔，但无人反对老人吃肉。怪事（不过，年轻人是可以吃肉的，我不反对）。

今日秋凉。心旷神怡。暂不多写。

恺字

〔1974年〕八月十九日〔上海〕

注一：词意由历史典故而来，比喻行事只顾一面，结果适得其反。出自明代王守仁《传习录》：“欲于静坐时，将好名好货等根，逐一搜寻扫除廓清，恐是剜肉做疮否？”——编注

注二：咬毛的二姐在郑州。

一七〇

新枚：

咬毛已于前日去郑州，此刻想已到达石家庄。你可回石一个月，小羽不送托儿所，如此最好。小羽在此游玩惯

了，一下子关进托儿所，很可怜的。希望你们多多爱护他。

我气喘病，早已好了。有人（石门湾同乡）送我一棵灵芝草，此物难得，乃从深山中采得，据说煎汤服用，可治气喘。我现已好全，暂时不用。放在抽斗里，香气溢出，闻之气爽。昔人有联云：

醴泉无源，芝草无根，人贵自立。

流水不腐，户枢不蠹，民生在勤。

我近日早上翻译夏目漱石文，作为消遣，十时即饮酒。每日饮黄酒一斤半。香烟少吸，一日一包。喷气而已，不吸入肺，亦是一种消遣。

上海已入秋。今日乞巧（阴七月初七），昔时女孩于此夜穿针拜月。昔人有诗云："多情欲话经年别，那有工夫送巧来。"秋姐今天生日。……

母每周四下午去开会（一个半小时）。她高兴去，只是耳朵不大好，回家不能正确传达。

恺字

〔一九七四年〕八月廿四，即乞巧日〔上海〕

前信我说"足不出户，墨不出门"，今应改为"画不出门”。因求字者甚多，未便拂其意，写毛主席诗词，万无一失。求画者，婉谢之。

一七一

新枚：

想已回石，咬毛可省力些，小羽可暂不送托儿所，甚好。秋来我身体安好，酒量照旧，还常到附近红房子吃西菜。母亲也健康，前天同联阿娘到宝姐家吃饭，游公园。三轮车以前没有，现在又有了。可见大众需要，必可满足。我没有利用三轮车，因无必要。近来以翻译日本文为消遣，自得其乐。求画者大都谢绝，求字者多，写毛诗应嘱。有些人神经过分敏捷，豆腐里寻骨头。前些时我受批判，主要的是为了一幅《满山红叶女郎樵》（上次给你信，曾提到一幅不大好的画，即此）。盖因红叶代表红色政权，故不可樵也。批判的主席说得很巧妙，说“这是群众意见”。我当然接受，说以后不画，以免引起误解，但肚里好笑。仔细想想，道理也不错：文革中我已承认我的画都是毒草。如今再画，便是否定“文化大革命”辉煌成果，罪莫大也。然而世间自有一种人视毒草为香花，什袭珍藏。对此种人，我还是乐愿画给他们珍藏。古人云：“文章千古事，得失寸心知。”画亦如此。

联娘常来，关心咬毛及小羽，得你信甚慰。咬毛体弱，又要上班，又要管小羽，其实吃不消。总要想个善策。

胡治均常来，对我很有帮助（买物等）。朱幼兰丧母之后，不曾来过。其母八十六岁，患乙型脑炎而死，阿姐去送花圈。若非此病，此老妪可活到百岁呢。她天天劳动，上街，拖地板，饭量很好（吃净素）。乙型脑炎，即大脑炎，新枚小时也患过（抗战胜利那年），并非致命之病，大约此人抵抗力差之故。

国庆快到了，恐怕不会有烟火。春节上希望你们三人都来探亲，旅费算我。我现在有钱无处用。能在你们面上发生效用，我衷心欢喜。你们若不接受，我反而不乐也。不多写了。

恺字

〔1974年〕九月四日〔上海〕

一本线装书《幼学》是否在你处？如有，挂号寄我。

一七二

新枚、佩红：

《幼学》一册已妥收。这是类书，有各种古典，闲时看看很有兴味。

时光易得，再过十天又是国庆。国庆前一天是中秋，你们必须吃月饼。

我很记挂小羽，希望春节时你们全家都来探亲。我已想定：三楼阿英妈的小房间让给你们住（阿英妈可住楼下）。

这几天客人很多，应酬也很吃力。其中薛佛影身体发胖，如弥勒佛。蔡介如吃鳝鱼，在我这里呕吐起来。周其勋（我青年时的同学，华瞻在广东时的同事）比我大九个月。他住在南宁，近来到上海来玩，住在女儿家中。此人忘记性极大，华瞻每次去访，讲起人事，他都忘记，讲过的都当新闻。我也善忘，但赶不上他。

我常常收到各地朋友寄来的食物：花生、胡桃、木耳、紫菜、笋干，等等。这些朋友都是读者，大都是纯粹的好意，有几人要字，我写毛主席诗词报酬他们。柳宗元是法家，我有时也写他的诗。

谚云：“八月初二饭仓开。”今已八月初五。果然我八月以来食量很好，但限于素。《古诗源》中有一首诗：“夜饭少吃口，活到九十九。”我很相信，夜饭少吃些。但你们年青人不同。

薛佛影的儿子薛万竹，在北京。万竹之妻及小孩放在上海，佛影多方设法，要把万竹调回上海来，尚未成功。佛影刻了一个图章：“有竹人家”。他只有万竹一个儿子，所谓“独苗”，要调动也如此其难。

恺字

〔1974年〕九月廿日〔上海〕

母身体很好，每星期四下午必去开会，其实可以不去。她自己要去。

听见声音，她必然答应，以为是叫“婆婆”。窗口看见小姑娘，就叫“南颖”。

有一天一个女客来，母点着她骂：“你这个小银[注]到哪里去了，现在才回来！”以为是南颖也。但母不戴眼镜可以看报。

注：小银，土话，即小孩。

一七三

新枚：

你去后，此间一切安善。我身体很好。母亲也好，不戴眼镜读报。

今日是阴历十二月初十，盼望咬猫早些来。小羽在娘娘[注]家，不肯回来。阿姊去望他一次。他同阿至玩，很高兴。

清代法家龚定盦诗一纸，可送友。

恺字

〔1975年〕一月廿一日

注：娘娘，丰子恺家乡话，即祖母。

一七四

新枚：

今日阴历十二月廿六，立春已过二天，没有下雪。今天彤云密布，“晚来天欲雪”了。咬猫时来时去，有好电视便来。志蓉昨夜乘车赴北京了。我前日起，又吃酒了，但吃的不多，每餐吃半杯。此亦自然要求。

阿姐言：草婴（姓盛）[注]劳动时跌断脊梁——车上卸下水泥，他用背去扛，水泥很重，压断他脊梁。此不能上石膏，只得躺在板上，听其接连。大小便、饮食，都要人服侍，够苦了。

石门湾建造大会堂，来公函，要我写“石门镇人民大会堂”八个大字，每字二公尺见方，顾到我便利，只写一公尺见方，他们去放大。已够大了。昨日已寄去。

山东聊城光岳楼，要我写对，也很大，今天也寄去了。

洗脸盆中，你加的铅丝，阿姐给你换了洋铁，说因铅丝太密。也好。

别无可写。

恺字

〔1975年2月〕六日下午〔上海〕

注：盛草婴，原名盛峻峰（1923—2015），专长俄、英文学作品的翻译。

一七五

恩狗：

咬猫真能干，会修钟。我的摆钟秒针落脱了，她会拆开来，装上去。……

今天是正月初六。昨晚细毛结婚，我与母到红房子吃喜酒。咬猫与小羽也来。他们近日住在重南，因杭州软姐同其子华文来此，住在阿姐室中，咬猫便被赶出了。细毛的新郎比她长一个头，姓许。志蓉到北京，昨夜回来了。软姐等明天要返杭，在此游玩了长风公园、西郊公园、城隍庙。天气都晴明，他们有福。“一龙二虎，三猫四鼠，五猪六羊，七人八谷，九蚕十麦。”今天初六，是管羊的。明天初七管人，天气一定也好。软姐的华文，很长大……

石门镇革命委员会来公函，要我写八个大字“石门镇人民大会堂”，每字一公尺见方，信中说镇上造一个大房子，是“您的故乡，务请大笔一挥，欢迎您回来参观”。我已写好寄去。我想在暮春回去一次（有新蚕豆的时候），胡治均陪去。他们放一只小轮船到长安来接我。我要去看看雪姑母（是我的胞妹，你大约记不得了），又看看这大会堂，就住在雪姑母家（离镇四五里）。现在是“雨水”节，二十四番花信，是菜花、李花、杏花。上海看不见花，想想而已。郑晓沧来信，说杭州诸花都看得见。邀我去看花，我不会如此风雅，却之。我又吃酒了，吃的不多，每餐吃一盅。文彦昨天来，送我鸡蛋二十个，上海难买。他家宜冰即将入小学了。农历新年来客甚多，不必细说了。

恺字

〔1975年〕二月十六，即正月初六〔上海〕

听说你又迁居，想已完成。听说很小。

希望你有出差机会来上海吃酒。

一七六

新枚：

来信收悉。有人要画，今将现成者《努力惜春华》送他。以后如有人要，尽来告我，现成者多，皆《种瓜得瓜》《东风浩荡》之类，预备送人也。

二十四番花信将终，但小楼中不见花，只在心里作秾春耳。半个月后，胡治均陪我故乡去。大约五七天即返。四十年不到乡村矣，此次住雪姑母家。其时正有新蚕豆，可以尝新。准备些香烟、糖果去送人。去看看我所题字的“石门镇人民大会堂”。听说建在缘缘堂遗址上，真胜缘也。你信上关心我携带必需之物，如大黄等，我自检点，不致缺少。余后述。

恺

〔1975年〕四月二日〔上海〕

昨日，四月一日，在外国是All Fools’ Day，即万愚节〔愚人节〕，可以任意骗人。此信二日写，非骗人也。

一七七

新枚：

前信劝佩红辞教职，申请为药厂工人，希望能做到。

我明日由胡陪同赴石门镇，住雪姑母家，约一星期。正是：

少小离家老大回，乡音无改鬓毛衰。

儿童相见不相识，笑问客从何处来。

我到雪姑母家，还是日本鬼投炸弹那天，距今三十八年了。那时你们都还不曾做人呢。

恺

〔1975年〕四月十一日〔上海〕

一七八

新枚：

我到乡下十天，他们招待周到，我很开心。只是来访的亲友甚多，应酬亦很吃力。送土产的很多，满载而归。胡治均照顾我，非常热心，他也收得许多土产。石湾新建的石门镇“人民大会堂”，正在工作中，门额是我写的，每个字二公尺见方[注]。

我写了许多张字去送人，是贺知章诗：

少小离家老大回，乡音无改鬓毛衰。

儿童相见不相识，笑问客从何处来。

我每次入市，看者人山人海，行步都困难。有人说我上海不要住了，正在乡间造屋，养老。如此也好，可惜做不到。

佩红调到厂里工作，要努力争取。教书太吃力，有伤身体，公私两不利也。

我是前天夜里到家的，华瞻叫小汽车来接。昨日休息一天，今日照旧健好。足证身体好。

恺字

〔1975年〕四月廿四日〔上海〕

注：据说此题字后来被窃，终于未用上。

一七九

新枚：

我到故乡，住了十二天，早已安返。胡陪行，照料周到。在乡时，来客不绝，远近闻讯，都来看望，赠送土产（鸡蛋、豆腐衣）不少，满载而归。我还家后不知有否写信给你，记不真了。重写也无妨。

暑假快到，希望你一家三人来沪探亲，旅费及扣工资等，都由我付给，不必操心。我近来意外收入甚多。广洽法师即将归国观光了。

我希望佩红辞教师而改入厂当工人。努力争取。

雪姑母不肯装牙。今天我汇了二十元送她，叫正东[注]逼她去装牙。

联阿娘家，来了咬生夫妻及妻母。妻即将生产。

琴琴的母亲（即英娥的妹子），患脑癌死了。今天阿姐去送花圈。

我在乡，吃杜酒，是阿七自己做的，比黄酒有味。乡下黄酒也有，与上海的差不多。乡下香烟紧张，我带了许多（前门牌）去送人，约有十条（一百包）。送完了，皆大欢喜。来客中有三四十年不见的人，昔日朱颜绿鬓，尽成白发苍颜。昔日小鬟，今成老妪了。

时入孟夏，窗外树色青青。我端居静坐，饮酒看书，自得其乐。

恺

〔1975年〕五月五日，马克思诞辰〔上海〕

注：蒋正东（1931—1993），丰子恺之妹丰雪珍（雪雪）的儿子。

一八〇[注]

新枚:

与宝姊信我已看过。你送妻子入京，端居多暇，作嵌字诗，亦是一乐。时人对你评判甚好，深为喜慰。不批评别人，亦是厚道存心，无伤也。我一向老健，读书写字消遣，今晨写二纸，附寄与你，赠人可也。此间来客，闲谈笑乐，颇可慰情。母亦健康，姐仍多忙。嫂（志蓉）昨日赴北京省亲，须二十余日还来。我日饮黄酒一斤，吸烟一包，可谓书酒尚堪驱使去，未须料理白头人也。

恺渺

乙卯立秋前十日〔1975年7月29日〕〔上海〕

注：此为丰子恺写予爱子新枚最后一信。1975年9月15日，丰子恺先生因病离世，享年78岁。

致宋慕法、宋菲君（6通）[注一]

一

慕法：

得信全家大喜（老实说，她初产，住在荒村[注二]中，我们实担心，以前信中皆慰情语耳）。商量起名，至今决定，另写一纸附去，菲是芳菲之意，因其清明日生。芳菲之君，又含平凡的伟大之意，以前取名，大都有封建思想，今新时代之人，宜力避免也。阿先产后可吃补品，徐徐自能复健。盼望满月后可见见菲君。即问

近好

恺 汾

〔1942年〕四月九日〔重庆沙坪坝〕

注一：宋慕法（1916—2008），丰子恺次女丰宛音之夫，退休前任上海教育学院英语副教授。宋菲君，生于1942年，宋慕法之长子。毕业于北京大学物理系，光学专家，中国科学院研究员，博士生导师。小名安凡。

注二：荒村，指贵州湄潭县东北之永兴镇，当时宋慕法任教的浙江大学分校所在地。

二

慕法:

阿先二日长信（女工事）及你四日信，同时（六日上午）收到。本定今午汇叁佰万元，作为“催生”[注]。款未汇而孩已出世，真是喜出望外。

今下午付汇，此信到后，就可收到。

……

孩子我正在取名，不久寄你们。

菲君有你与阿姜顾到，甚慰。

恺字

〔1948年〕二月六日午〔上海〕

注：催生，是指催其次子宋雪君生。

三

安凡:

小娘姨[注一]本来要打电话给你，我有信，她不打了。告诉你：后天（星期五）我和小娘姨两人要到崇德[注二]去，要下星期一二回上海。你们这星期日倘来此，我不在，《古诗十九首》不能读。最好再下星期日来，把“十九首”背给我听，我再替你上新诗。“十九首”中有许多字难读，难解说。现在我写一张给你，可参考。“十九首”要多读几遍，要背得熟。

我们到乡下去，一定买些东西来给你和小冰。暑假中一定带你和小冰到外埠去玩一趟。

这星期倘你来，有一册书你可看看：这书是俄文版的《小学图画》，放在我书桌右手的绿书架的顶上，很大，你可看图。有许多写生画图，对学画是有益的（此书是出版社要我和小娘姨译的）。

外公 字

〔1952年〕五月十四日〔上海〕

注一：小娘姨，指丰子恺幼女丰一吟。
注二：崇德，今名崇福，属桐乡县（今桐乡市）。

四

菲君：

前几天你母亲说，你上学期在校里，学业成绩好的，品行评语不好，是四分。我希望你本学期会改进。小娘舅[注]去年冬天的评语也不好，说“用功是否为自己个人？”后来我教导他一番，这学期（今年夏天）就全都很好。说他“用心功课，遵守规则，热心群众事业，帮助同学，思想前进……”现在我也教导你一番，你下学期也会好起来的。

我想，大约你在学校里最聪明，知识最多，见识最广，因此你看不起教得不好的先生和呆笨的同学，因此他们评你四分。这的确是不好的品性。一个人越是聪明，应该越是谦虚，越是守规则。列宁小时候，在学校里成绩最好。但他绝不看轻同学，他常常早半小时到学校，用这时间来帮助同学补习数学。上课的时候，他最坐得端正，最守规则（将来你学会俄文，可在教科书里读到）。我们都要向他看齐。

我欢喜快乐，所以有时到杭州，有时到苏州，有时星期天去游玩，吃东西。但同时又欢喜做个守规则的好人：在社会中不犯法，热心公众事业；在学校里不犯校规，热心团体事业。这样，游玩的时候更加开心。你常常跟我去游玩，同时也要常常做守规则的好孩子。不然，别人看来，外公教坏了你。

小娘舅申请入团，已经批准了。不久宣誓，正式成为团员了。你将来也要如此，所以本学期起，要特别注意自己的行为。一个人，行为第一，学问第二。倘使行为不好，学问好杀也没有用。……反之，行为好，即使学问差些，也仍是个好人。所以你在初中期间，特别要注意自己的行为。其次注意学问。

听说开学延迟了（格致九月七日），你校倘也延迟，你在开学前还可来这里住几天。小娘姨也欢迎你来。

外公 字

〔1955年〕八月廿九夜〔上海〕

注：小娘舅，指丰子恺幼子丰新枚。

五

菲君：

你的诗已经有些像样，然而有两处毛病。我替你改了。说明如下：第一二句“数柳花”和“学种瓜”是对，上面最好也对。故改作“茅舍檐前”（那时里西湖八十五号屋很坏，可说是茅舍）。第三四两句形式上很好，但意义上不对：既说“是儿家”，不应说“客里”，故改为“春到”。

我把你的原信剪寄，你保留作纪念。

做旧诗是好的，但我们只能学古人的文体“格式”，不可学古人的“思想”（例如隐居、纵酒、颓废、多愁、悲观等，都不可学）。毛主席也做旧诗词，但思想是全新的。你以后倘有空做旧诗，也要如此。

你不去杭州，我已去信告诉姑外婆。你在此时独自去，的确不很好。以后跟我同去。

外公 字

〔约1960年〕八月十一日〔上海〕

六

慕法、林先：

来信收到。你们为我祝贺，一片好心。林先提议会餐，太过夸张，不甚相宜，或者，稍迟再说可也。房屋归还或他迁，现尚未定，正在从长计议。电视已归来，每夜在三楼开放，邻里都来借看，非常热闹，盖弄内唯有此一电视也。林先说永不喝酒，何必！少饮清欢可也。余后述。

恺 字

〔1973年〕一月十一日〔上海〕

致丰元草（2通）[注]

一

元草：

你的信早收到。我开人代大会，前日方闭幕。所以久不复你。你的对联，其实是诗，不能称为对联。因为对联既名为“对”，要求平仄及词性及意义很严。例如平必须对仄，动词必须对动词，草木必须对草木（溪口的“口”，必须对身上的东西。但平仄当然是照诗法：一三五不论，二四六分明。并非个个字要平对仄，仄对平的）。现在你的二对，于上述三条件都不合，所以只能说是诗，不能称为对。

你有兴味作对，可练习一下。我举几个好例：李商隐咏杨贵妃诗中有一联：“此日六军同驻马，当时七夕笑牵牛。”[47]古来引为最巧妙的“对”。“六军”对“七夕”（军

注：丰元草（1927—2011），丰子恺之次子。中国人民志愿军复员后任人民音乐出版社编辑。亦称元超。

对夕，不大切，但不苛求了），“驻马”对“牵牛”，都很巧。

又有某人为剃头店写一对联：“频来尽是弹冠客”，“此去应无搔首人”。对得真巧！“弹冠相庆”（得意）是古话，“搔首问天”（失意）也是古话，意义又极好：讨好顾客，说来剃头的都是得意人（但要剃头，必须脱帽，故曰弹冠）。剃好之后出去时，没有一个是失意的人。

我们故乡石门湾，是春秋时吴越战场，又是洪杨时杀光烧光的地方，战死的鬼甚多。所以每年七月半放焰口，超荐亡魂，举动非常盛大，全镇每家门口都挂许多纸衣裳，烧给鬼魂。老和尚放焰口的台前，照例有一副长对。有一年是你的祖父做的，做得很好，我从小牢记在心，现在写给你看：

古曾为吴越战场，迄今蔓草荒烟，尽是英雄埋骨地。

近复遭咸同发逆，记否昔年此日，正当兵火破家时。

（当时是清朝，故称洪杨为“发逆”，不可以现在观点来批评。）

长联要求对仗，当然较宽，但此长联也已对得很工了。

律诗第三四句，第五六句，必须是两副对联。我最近为定海作的七律诗，后来改好，全文如下：

定海渔场十里开，沈家门口舰成排。

罐头滚滚随潮去，外汇源源逐浪来。

五月黄鱼多似藻，三春紫菜碧于苔。

挂帆客子频回首，水国风光好画材。

新名词“罐头”对“外汇”，“黄鱼”对“紫菜”，“似藻”对“于苔”，都还恰当。你倘爱作对，可做做律诗看。

大会听说要七八月开。家中平安无事。余后谈。

〔1963年〕五月十二日父字〔上海〕

二

元草：

寄来《红楼梦》一部，已收到。此书印刷甚精。你去年来沪，至今已近一年，时光过得快！此一年间，此间诸人皆健好无恙。满娘、雪姑母亦健康。我曾赴杭州，母曾赴石湾，均得快晤。唯崇德荷大伯于上月病逝，八十三岁，跌了一交，伤了脾，开刀医治无效，竟死。国庆节上海灯火辉煌，想北京必更热闹。

恺字

〔1973年〕十月二日〔上海〕

致丰宁馨（7通）[注一]

一

软软：

告诉满娘，我今日（十二月卅日）被解放。工资照长病假例打八折[注二]。抄家物资、电视等，开年叫一吟去领回。他们派我自由职业者，属于内部矛盾。总算太平无事。

过春节后，我即将到杭州，在你家住多日，六七年来不曾离上海，也觉气闷。今后当走动。新枚在石家庄，近迁居，房屋较大，我也想去。

草草

恺

〔1972年〕十二月卅日〔上海〕

注一：丰宁馨（1922—2010），丰子恺三姐丰满之女，自幼为丰子恺夫妇的义女。毕业于浙江大学数学系，退休前任浙江大学数学系副教授。又名丰宁欣，小名软软。

注二：实际上仍是发给生活费（比先前多些），并非打八折。

二

软软:

此次我游杭，非常快活。第一是看见满娘健康，甚为欣慰。今世长寿者多，此间有九十八岁之婆婆自去泡开水者。可知百岁以上不希奇也。

我经此锻炼，脚力也大进步。秋天再来时，可以不要胡治均[注一]了。

当晚华瞻同南颖青青来接，坐小包车回家（胡中途下车回家）分“好东西”，皆大欢喜。《一剪梅》[注二]我在杭写了几张，因无图章（又因羊毛笔不惯用，故写不好，我爱用狼毫也），不好看。现另写一纸送你。扫墓《竹枝》[注三]亦另写一张，交满娘欣赏。

此间一切如常，窗前杨柳青青，也很悦目，终是远不及杭州之清幽也。

恺字

〔1973年〕四月二日〔上海〕

维贤送我白兰地（可治伤风），甚好，上海买不到。谢谢他。

注一：胡治均当时专诚陪侍丰子恺赴杭。

注二：《一剪梅》，指丰子恺自己的词作。

注三：扫墓《竹枝》，指丰子恺之父丰𨱔所作扫墓竹枝词。

三

软软：

有杭州第一医学院内科医生李亚顺，来求字画。有人说，此医生技术很高明。我今备一字条，你保存着，万一满娘有需要，可按址去请他来出诊。但愿此字条备而不用。

恺

〔1973年〕十一月十一日〔上海〕

四

软软：

得信知满娘患病，甚为挂念。

姆妈想到杭州来看视，但念她不会行动，反而增加你们负担，所以暂且不来。满娘病状如何，望你继续来信，教我们得知。

子恺启

〔1975年〕二月十一日〔上海〕

五

软软：

知道满娘患病，甚为挂念。我又不能亲来探问，心甚焦急。我想，满娘年纪不算很大。生育少的人，元气充足，小病定能复健。今世寿长的人很多。古语云："夜饭少吃口，活到九十九。"满娘定可向他们看齐。你和维贤都请假侍奉，甚好。但望不日收到好消息。

子恺

〔1975年〕六月十一日〔上海〕

六

软软：

诸人[注]回来，告我满娘病状。我认为只要饮食不断，定可带病延年。今世长寿者多，此间有二女人，皆九十七八岁，还乘电车。满娘生育少，只生你一人，元气不亏，定能长寿。

听说可迁居。我希望你们迁地为良。病人可坐藤椅，由两人抬着迁居。

问问维贤：他有否《苕溪渔隐丛话》，及《词苑丛谈》这两册书？倘有，借我一看，挂号寄来。倘无，不必复我。反正我非必要，消闲而已。

子恺

〔1975年〕七月六日〔上海〕

注：诸人，指丰子恺的子女，曾专诚去杭探望姑母。

七

软软：

来信及书一册，皆妥收。满娘病渐好[注]，甚慰。书是借来的，我看完后即挂号寄还。望转告维贤。余后述。

恺

〔1975年〕七月十一日〔上海〕

注：丰满卒于1975年8月15日，比丰子恺早卒一个月。

注 释:

1. 出自《朱子家训》，应为“一粥一饭，当思来处不易”。
2. 出自（唐）杜甫《佳人》，应为“合昏”。
3. 出自（唐）李白《听蜀僧浚弹琴》，应为“如听”。
4. 出自（宋）慕容岩卿妻《浣溪沙》，应为“汀洲花草弄春柔”。
5. 出自（唐）杨巨源《城东早春》，应为“诗家清景在新春”。
6. 出自（唐）张祜《赠内人》，应为“斜拔玉钗灯影畔”。
7. 出自（唐）祖咏《望蓟门》，应为“三边曙色动危旌”。
8. 出自（唐）崔橹《华清宫三首·其一》，应为“更无人倚玉阑干”。
9. 出自（唐）王贞白《御沟水》，应为“此中涵帝泽，无处濯尘缨”。
10. 出自（宋）晏殊《玉楼春·春恨》，应为“年少抛人容易去”。
11. 出自（宋）苏麟上范仲淹诗，应为“近水楼台先得月”。
12. 出自（清）褚人获《坚瓠首集》，应为“却在君家献头角。”
13. 出自《孟子》，应为“生于忧患，死于安乐”。
14. 参见58页注二。
15. 出自（清）吴藻《浪淘沙》，下阙应为“何处暮鼓敲。黯黯魂消。断肠诗句可怜宵。莫向枕根寻旧梦，梦也无聊”。
16. “花虽”句出自（宋）吴娘的“调笑集句”。后两句为（宋）郑仅的《调笑转踏》。
17. 参见58页注二。
18. 出自（南北朝）薛道衡《昔昔盐》，第一句应为“垂柳覆金堤”，第三句前半句应为“花飞桃李蹊”，第六句前半句应为“长垂双玉啼”，第七句应为“彩凤逐帷低”。
19. 出自（宋）曾巩《咏柳》，应为“倚得东风势便狂”。
20. 出自（宋）苏轼《西江月·黄州中秋》，应为“月明多被云妨”。
21. 出自（清）纪昀《阅微草堂笔记》，应为“红蕊几枝斜”。
22. 出自（宋）史浩《临江仙》，应为“不堪老眼看花”。
23. 出自（宋）贺铸《薄幸》，应为“艳真多态”。
24. 出自（清）纳兰性德《饮水词》，上阙应为“莲漏三声烛半条，杏花微雨湿轻绡，那将红豆寄无聊？”

25. 出自（唐）韦庄《思帝乡》，应为“纵被无情弃”。
26. 出自（宋）苏轼《司命宫杨道士息轩》，应为“无事此静坐，一日似两日，若活七十年，便是百四十”。
27. 出自（宋）陆游《风入松》，应为“拟将细字写春愁”。
28. 出自（清）柳如是《梦江南》，应为“忆昔见时多不语，而今偷悔更生疏”。
29. 出自（明）汤显祖《牡丹亭》，应为“雨丝风片，烟波画船”。
30. 出自（明）兰陵笑笑生《金瓶梅》，应为“兰汤初浴罢”。
31. 出自《白雨斋词话》引《蛸蛣杂记》，应为“前年镜入新年发”。
32. 参见本页注25。
33. 出自（清）郑板桥《贺新郎》，应为“江南二月花抬价，有多少游童陌上，春衫细马。十里香车红袖小，宛转翠眉如画，佯不解傍人觑咱。忽见柳花飞乱絮，念海棠春老谁能嫁？泪暗湿、香罗帕”。
34. 原文为“晚饭少吃口，活到九十九”，为古谚语，散见于清人笔记。
35. 出自《词苑丛谈》之严幼芳词，应为“人间刚道隔年期，想天上、方才隔夜”。
36. 出自（晋）陶渊明《读山海经之五》，应为“在世无所须，唯酒与长年”。
37. 出自《词苑丛谈》，应为“花间敛衽告天”。
38. 实出自古乐府《君子行》。
39. 出自（五代）李煜《忆江南》，应为“多少泪，沾袖复横颐。心事莫将和泪滴，凤笙休向月明吹”。
40. 出自（民国）苏曼殊《拜轮诗选》，应为“夭夭雅典女，去去伤离别”。
41. 出自拜伦名作“Maid of Athens, Ere We Part”，此段英文原文是：“Maid of Athens, ere we part,Give, O, give me back my heart!”
42. 出自(宋)苏轼《浣溪沙·春情》，应为“彩索身轻长趁燕，红窗睡重不闻莺”。
43. 出自（唐）无名氏《菩萨蛮》，应为“牡丹含露真珠颗，美人折向庭前过”。
44. 参见本页注42。
45. 此句出自《左传》，原文是“肉食者鄙”。
46. 出自（宋）苏轼《南歌子》，应为“师唱谁家曲，宗风嗣阿谁。借君拍板与门槌。我也逢场作戏、莫相疑。溪女方偷眼，山僧莫皱眉。却愁弥勒下生迟。不见老婆三五、少年时”。
47. 出自李商隐《马嵬》，应为“当时七夕笑牵牛”。

附录一

恩狗画册（47 幅）

给恩狗的画

设色纸本册页

丰子恺家族收藏

一　恩哥拿一根红绒线来，说：“阿姊！做个帽子给先姊家的外甥戴。”
卅一年〔1942 年〕在元旦

二　到公共运动场去坐滑梯。传农倒滑下去，阿姊扶他起来。恩哥的后面又有两个团团来了。

三 “癞疥疮药”。

四

两个房东团团想挤进去看。卅一年〔1942年〕阴历正月初一。

西[illegible]房東囝囝想擠進去看、

五　（一）大房东囝囝靠在白狗身上。小房东东靠在黄狗身上。一只野狗走过来了。

六　（二）白狗黄狗跳出去咬野狗。两个房东团团大家跌交。三只狗叫，两个人哭。

七　恩哥放镖，放到桌子上的麦片匣子上。卅一年〔1942 年〕在正月初三日。

八　到卫生院去找陆的康。阿姊同佩贞走石榴树边。恩狗一个人走山坡。恩狗翻下来，打三个滚。滚到了石头边。

九　阿姊做先生，佩贞、恩狗、桂汉做学生。

十　到丰乐路，看见一只大猪，非常之大！大家说要卖一千块钱。打它一句，它走一步。后来实在走不动，它跪倒了。卅一年〔1942年〕一月廿九下午。

恩哥
和佩貞
也抬
棺、
材、
桂侯
還抬
不動、
跟着喊：
「恩育
落朵好
里呀！」

十一

山坡上许多人抬棺材，恩哥和佩贞也抬棺材。桂侯还抬不动，跟着喊：“恩育落朵好里呀！”〔小儿语，意为：就埋在这里好了。〕

走到對河，
望見恩哥
家裏。
姻媽站在門口，
佩貞同房東
囡囡在牆下玩。
卅年
一月
廿九日下午。

十二

走到对河，望见恩哥家里。姆妈站在门口，佩贞同房东囝囝在墙下玩。卅一年〔1942年〕一月廿九日下午。

十三　爸爸说 :“只猫咬只蝴蝶。只猫死了。”恩哥笑起来，说 :“爸爸讲错了！是蝴蝶死了。”

十四　逃警报的路上，水里一个石头堆，像一只船。我们跨上去，坐着看水。阿姊拿司的克摇船。卅一年〔1942年〕一月廿九日下午。

十五　佩贞:“恩哥，把你脸上的麻子洗掉了，我再跟你玩。”恩哥:“啊呀！佩贞！这是口水呀！不是麻子呀！”

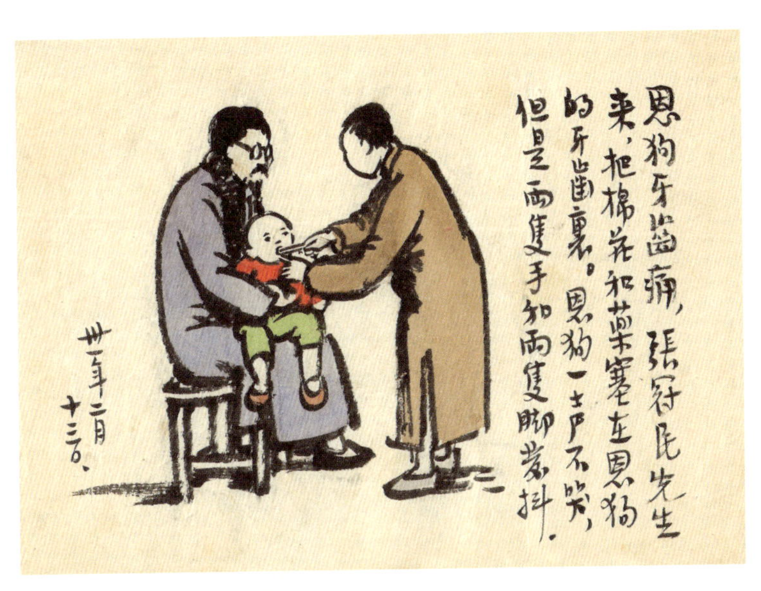

十六　恩狗牙齿痛，张冠民先生来，把棉花和药塞在恩狗的牙齿里。恩狗一声不哭，但是两只手和两只脚发抖。卅一年〔1942 年〕二月十三日。

十七

警报解除了。爸爸前头走，满娘后头走。阿姊、佩贞、恩哥拿了芦花中央走。

警報解除了，爸爸前頭走，滿娘後頭走，阿姊，

十八

恩哥到火盆里去拿一罐头灰，用力一吹，鼻头里嘴巴里都是灰，眼睛盲了。卅一年〔1942年〕二月十九日。

恩哥到火盆
里去拿
一罐頭灰、
用力一吹、

十九　“台子几只脚？”“四只脚。”“叫我声四爹爹。”“四爹爹！”“呒……”

二十　恩哥到赵老房子里去看满娘。卅一年〔1942年〕三月十七日。

二一

阿兜有一条长板，放在石头上，就是跷跷板。阿兜坐一头，恩哥佩贞共坐一头。“高一高，低一低！”

阿堯有一條長板，放在石頭上，就是蹺蹺板，阿堯坐一頭，

二二　“饼干里有核！”

二三　一拳头，摔到你含山头。回转来，叫我声三娘舅。

二四

勿好团团、鼻涕团团、房东团团烧饭，恩狗、佩贞、阿姊看。

勿好囝々
鼻涕囝々

二五　恩狗一岁的时候，住在思恩。软姊抱恩狗去看猪，恩狗说：“尼娘恩。”去看鹅，恩狗说：“奇恩奇恩。”

二六　八六六家门前八株竹，八只八哥住在八六六家门前八株竹上宿。拿了八把弹弓赶掉八六六家门前八株竹上八只八哥勿许住在八六六家门前八株竹上宿。

二七　我唱山歌乱说多：蚌壳里摇船过太湖。太湖当中挑荠菜，洞庭山上拾田螺。拾的田螺巴斗大，放在小花篮里去望外婆。外婆坐在摇篮里汪汪哭，恩哥拍拍手去抱外婆。

二八　看见两只白羊，恩狗说：“两只黑狗。”大家笑起来，恩狗哭起来。

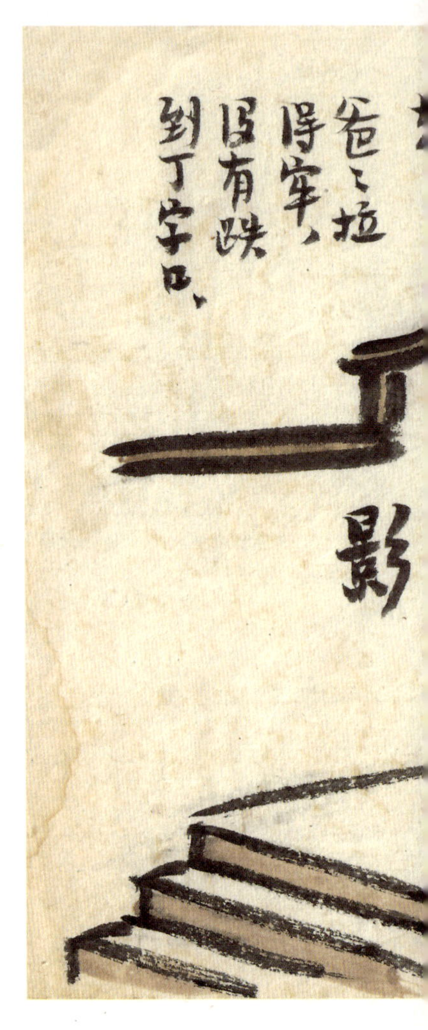

二九
去拍照，恩哥当做拔牙齿，
拼命逃出去。爸爸拉得牢，
没有跌到丁字口。

去拍照、
恩哥當做
拔牙齒、
拚命
攝

三十　Barlar kkor-ttn-ttn larn Siar ttu-ttu.〔桐乡方言，意为：坐在高凳凳上写图图。〕

三一　恩哥坐在高凳凳上，高凳凳翻倒去。阿姊拉牢恩哥的脚。恩哥没有跌交。

三二　天上七个星，地上七块冰。厅上七盏灯，树上七只莺。墙上七只钉。一片乌云推没天上七个星。乒乓，打碎地上七块冰，福笃，吹隐厅上七盏灯。大虚，赶掉树上七只莺。恩畜，拔脱墙上七只钉。

三三　爸爸买一根练〔链〕条，有三十朵梅花。恩哥买一管笛。恩哥叫阿姊把梅花练〔链〕条灌到笛里去。走了一回，恩哥手里只有一管笛了。阿姊寻来寻去，在大兴上寻着了梅花练〔链〕条。

三四　“狗华——狗华——”房东老板娘子广播。

三五　nyi-jji-zshi yarn Shi-kk jji-ar-chi.〔桐乡方言口齿不清的发音，意为：梨子树上四个蛀牙齿。〕

三娘娘对
他说说
「叫你勤，
你极要，
拿你好！」

三六

三娘娘叫三爹爹不要去坐船，三爹爹板要〔意为：一定要〕去。三爹爹翻在河里，骑在大鱼背上回来。三娘娘对他说：“叫你覅，你板要，拿你好！”

城頭」。
過了
一會，
恩哥
說：
「唏！
頭城到
那里去了」？

三七

恩哥看见城头，问爸爸：“这是什么？”爸爸说：“这是城头。”过了一会，恩哥说：“咦！头城到那〔哪〕里去了？”

三八　恩哥骑“都都”，房东团团骑石头。

三九　阿兜放鹞子。

到趙老先生的房子裡、
阿姊爬上樹，恩狗也爬上去、
蔡太太同佩貞採了红梅花回去。

四十

到赵老先生的房子里。阿姊爬上树，恩狗也爬上去，蔡太太同佩贞采了红梅花回去。

四一 “哀——兜，阿——兜”。

四二　恩哥“牙齿阿华〔小儿语，意为：牙齿痛〕”。佩贞嚼给他吃。

四三

“小花儿——小花儿——”

关大嫂广播。

四四　大家到徐站长家去玩。恩狗当做要拔牙齿，勿肯进去，同阿姊躲在警察的岗亭后面。徐太太出来寻了。

四五　阿姊同陆的康的姊姊跌〔踢〕鞬〔毽〕子，恩狗、佩贞、陆的康看。

四六　“茑萝开花特嘡嘡嘡”朝晨恩哥喊　卅二年〔1943年〕九月廿七日。

四七　“台脚子底下有一个掸毛鸡帚，一个圈箩箍。”恩哥说。

幼子丰新枚（左）、丰子恺（中）、外孙宋菲君（右）

附录二

丰子恺“绝笔”之考究

丰子恺绝笔　1975 年 9 月 15 日于华山医院

丰子恺“绝笔”之考究

2020年清明节前，杨朝婴女士发来一张其外公丰子恺在华山医院去世前留下的最后的笔迹。1975年9月15日丰子恺逝世，距今已有四十五年。据其家人提供资料显示，丰公当时身患肺癌，病危时已到了发不出声音的地步，只能艰难地用手在纸上划出一些笔画。丰公的人生绝笔，到底表达什么含义，它是汉字、图画、数字还是代号？丰公家人一直在寻找答案。

这一封存四十五年的“绝笔”谜团，在清明节前又被丰公家人提起。

“绝笔”点画线条并非字迹

首先要确定这绝笔是在何时、何地，在何纸张上留下的，以及丰公当时身旁有何人陪护，笔画的起笔从哪一处下手的。查考相关资料——丰公于1975年8月30日住进淮海医院，9月1日转入华山医院，9月15日中午去世。这张“绝笔”就是在这段时间留下的，当时丰一吟和丰新枚在身边。所用纸张据杨朝婴证实是丰一吟从家里带去的一个小本子，原本用作记录丰公病情（后整理成《侍候父病记录》）。

丰一吟后来在《我和爸爸丰子恺》一书中这样写道：

> 爸爸病情日渐恶化。我看出他心中似乎有话不能表达，便反复地问他，但爸爸已经发不出声音了。新枚想了想，找出一本练习本，我给爸爸递上一支圆珠笔。爸爸下意识地把笔握住，在本子上画下了一些不成方圆的图形，成为他留给世人的绝笔。

可惜的是，这张绝笔的日期未记录下来。9月10日是丰公病情开始恶化的时间节点，在此之后，他想说而又说不出的，一定是临终前十分思念和牵挂的人或事。

在杨朝婴发我绝笔图后的当天深夜，她又发来更为清晰的扫描件。仔细研究后可以看出丰公按照小本子竖拿方式，在紧靠纸面的右侧入笔。这，符合他在家中作漫画时的习惯。由此推之，这幅“绝笔”并非字迹，而是一幅画，分为上下两个图像。

画的是“物”还是“人”

在绝笔图像的下方，最突出一点——有一根“杆子”类的东西，这是什么呢？是丰公日常书写作画的笔，还是医院用的体温表，抑或其他物件？丰公一生“烟不离口”，他从日本留学回来就与烟“交友”，推算一生至少有四五十年的烟龄。他作画吟诗时把烟当作激发创作灵感的火花。从他的《好花时节不闲身》一画可以看出，画像中的人物右手持笔，左手夹烟，在窗外一派春日杨柳背景下，笔耕不辍。

在丰公生命之火将要燃尽之际，也想过“戒烟”。《侍候父病记录》中写道：

> 9/5：△ 4：00父与我讲：“我烟戒掉了，再也不抽烟了。”我讲：“好，抽烟非但无好处，反而有害处。”父讲时眼中似有泪水。

由此推测，丰公绝笔中的“一杆”，应该是与“烟”有关的，而且这幅画应该是在10日或者是10日前后，在稍微清醒的状态下画的。在《侍候父病记录》中，从9月1日至9月15日半个月里，“提到想吸烟20次”。如此再看这幅绝笔：一个人的侧面像，嘴上已叼起一支烟，但未有烟雾；丰公在病床上是不戴眼镜的，而画中人戴眼镜，并把眼镜用一个大大的圆圈封闭式加以突出，似乎是想表达——“抽烟的这人，是我；戴眼镜的我要看……”

如果确认绝笔下方这个图形是丰公叼着烟的自画像，那么上方的线条代表什么呢？

从线条轻柔看出……

图上方的线条，又轻又柔，与下方又粗又浓的线条有明显差异。轻柔线条上的有一个初看像“回形针”之类的标记，这作何解读？如是回形针的话，下面看好似三条线，仿佛是一个包裹，难道就是那三本《源氏物语》的译稿，要孩子保存好？看来也不像，不是“物”，倒像是“人”。那是谁呢？

这人应该不在身旁，而又是丰公最念叨的人。

翻阅杨朝婴提供给我的丰公家人名单，其中的“丰羽”两字提醒了我——这，应该是一片“羽毛”，又柔又轻，远离上海，“羽毛”下方一条线引向丰公的眼镜。在杨朝婴提供的另一些资料里——丰公给幼子丰新枚的书信有180封，从第44封信提到最小的孙子出生开始，信中开始出现“小羽”，总计有105处！可见，丰公对这位曾在身边生活，而后长年远离的孙儿思之切、爱之深。

对，他，就是丰羽，头戴儿童帽。这与丰公在丰羽五个半月时作的“小羽画像”比对中可看出共同点：用笔角度由右侧入手，即从画丰羽左脸一侧为主要方向。而通过线条粗细轻重不同来做区分——爷爷与孙子——丰公吸着烟，戴着眼镜，最小的孙子像一片羽毛从上方飘来……

丰公早期儿童题材的作品大多画子女，这可以说是最后一幅，弥足珍贵。

谨以此文深切怀念丰子恺老先生逝世四十五周年。

中国笔迹鉴证专家、上海市丰子恺研究会会员
庄寅亮